근본불교가 전하는 붓다의 가르침

워킹붓다
Walking Buddha

근본불교가 전하는 붓다의 가르침
워킹붓다 Walking Buddha

2011년 3월 25일 초판 1쇄 인쇄
2011년 4월 1일 초판 1쇄 펴냄
2011년 4월 11일 초판 2쇄 펴냄

지은이 | 현암 스님
펴낸이 | 이철순
디자인 | 손희경

펴낸곳 | 해조음
등 록 | 2003년 5월 20일 제 4-155호
주 소 | 대구광역시 남구 대명2동 1800-6 불교대구회관 2층
전 화 | 053-624-5586
팩 스 | 053-624-5587
e-mail | bubryun@hanmail.net

ISBN 978-89-92745-25-3 03220
잘못된 책은 바꾸어 드립니다.

근본불교가 전하는 **붓다의 가르침**

워킹붓다
Walking Buddha

해조음

| 책을 펴내며 |

　불자들이 기본적으로 알아야 할 부처님의 가르침을 모았다. 시중에 부처님의 근본 가르침에 관한 좋은 책들이 많아 또 다른 책을 만든다는 것이 불필요하게 생각되었다. 하지만 불자들을 만날 때 너무 많은 분량을 지니지 않으면서 불교를 전체적으로 이해를 할 수 있는 책이 있었으면 좋겠다는 말을 듣곤 했다. 그러한 두 가지 요구안은 서로 모순되어 보이기도 해서 요구에 부응하기가 참 어려웠다.

　이 책은 우선 불교의 기본적 이해를 돕기 위해 쓰여졌다. 설명은 최대한 쉽게 하려고 했다. 중요한 부분은 반복 설명하여 간혹 중복되는 부분도 나온다. 책의 분량도 최대한 적게 하여 불자들이 평소 가지고 다니며 틈틈이 읽을 수 있게 만들었다. 부처님의 가르침 가운데 불자들이 꼭 알아야 할 부분을 담으려 애썼다. 또 부처님의 가르침을 불교 수행과 연결하여 설명하려 했다.

　불교 전반에 대한 이해가 깊어지면 다른 종교와 불교의 다른 점도 알게 될 것이다. 이 책에서도 창조신을 믿는 종교와 불교와의 차이점에 대해 다루었다. 이러한 내용이 다른 종교를 폄하하려는 의도로 한 것은 아니다. 불교적 관점에서 바른 견해를 가지기 위함이다.

이 책의 전체적인 설명은 초기불교에 기초한다. 빠알리 경전에 근거하여 불교 전체를 설명하려 했다. 본 서를 통해서 불자들이 부처님의 가르침을 이해하는 발판이 되기 바란다. 빠알리어 초기 경전 번역서가 많이 나와 있으니 불교를 더 공부하고 싶은 불자들은 되도록 부처님의 경전을 많이 읽기를 권한다. 초기 경전을 읽으면 부처님 원음을 이해하기가 한결 쉬워진다. 이 책에 인용되는 모든 경전들도 초기불전연구원과 한국빠알리성전협회에서 나온 빠알리 경을 인용하였다. 그분들의 노고에 다시 한번 감사드린다.

  이 책이 나오기까지 많은 분들의 도움이 있었다. 은사스님인 내원사 호암 정수 스님께 감사드리고, 불교에 관한 의문에 의지처가 되어 주는 일창 스님께도 고마운 마음을 전한다. 나를 항시 후원해 주며 이 책의 출간에 많은 도움을 준 나의 도반들 진명, 혜안, 덕민, 덕원, 도각, 도훈 스님께도 이 자리를 빌어 감사의 말을 전한다.

  아울러 책의 출판에 노고를 아끼지 않은 해조음 출판사 이철순 사장님과 부족한 나의 가르침을 들어주며 어려운 상황에서 버팀목이 되어 준 자애선원 법우님들께도 진심으로 감사 드린다.

2011년 3월 현암 합장

| 차례 |

1. 불교를 잘 이해하는 방법 • 9
2. 대승불교와 상좌부불교 • 12
3. 불교란 무엇인가 • 17
4. 부처님 일대기 • 23
5. 붓다의 가장 높은 가르침 - 사성제 • 40
6. 팔정도와 삼학 • 49
7. 삼학과 번뇌 • 57
8. 불교 수행 - 선정과 지혜계발 • 70

9. 삼법인과 열반 · 74

10. 개념과 실재 · 77

11. 실재하는 법은 어떻게 가르치셨나 · 86

12. 법의 생멸 법칙 - 12연기 · 95

13. 업과 창조신 · 103

14. 모든 부처님들의 가르침 · 110

15. 불자들의 도착지- 열반 · 112

16. 창조론에 대한 고찰 · 122

[일러 두기]

이 책에 실린 도표 목록이다.

〈표 1〉. 대승과 상좌부 불교 비교 (p.16)
〈표 2〉. 깨달음의 종류 (p.21)
〈표 3〉. 사성제 (p.48)
〈표 4〉. 40가지 선정 수행 (p.61, 62)
〈표 5〉. 일곱 가지 청정 (p.63)
〈표 6〉. 사마타와 위빠사나 비교 (p.73)
〈표 7〉. 개념과 실재하는 법 (p.79)
〈표 8〉. 실재하는 법 (p.84, 85)
〈표 9〉. 실재하는 법들과 오온, 12처, 18계 (p.94)
〈표 10〉. 24가지 조건들 (p.96)
〈표 11〉. 도의 마음에 의해 제거되는 번뇌들 (p.116)
〈표 12〉. 불교의 세상 (p.129)

※ 위 도표 중 1, 2, 3, 8번은 필자가 만들었고, 6은 테라와다 불교대 강의안을 기초로 필자가 만들었으며, 도표 7은 Agganyāni님의 표를 기초로 필자가 만들었고, 도표 4, 5, 9, 10, 11, 12는 초기불전연구원의 아비담마 길라잡이에서 인용하였다. 원래 아비담마 길라잡이에 나오는 도표는 미얀마 우 실라난다 사야도께서 만든 것임을 밝힌다.

※ 이 책의 경전 표시는 국내에서 번역된 초기불전연구원이나 빠알리성전협회의 니까야 번호이며, 사용된 약어는 다음과 같다.
  A. Aṅguttara Nikāya (앙굿따라 니까야, 증지부)
  D. Dīgha Nikāya (디가 니까야, 장부)
  M. Majjhima Nikāya (맛지마 니까야, 중부)
  S. Saṁyutta Nikāya (쌍윳따 니까야, 상응부)

9. 삼법인과 열반 · 74

10. 개념과 실재 · 77

11. 실재하는 법은 어떻게 가르치셨나 · 86

12. 법의 생멸 법칙 - 12연기 · 95

13. 업과 창조신 · 103

14. 모든 부처님들의 가르침 · 110

15. 불자들의 도착지- 열반 · 112

16. 창조론에 대한 고찰 · 122

[일러 두기]

이 책에 실린 도표 목록이다.

⟨표 1⟩. 대승과 상좌부 불교 비교 (p.16)
⟨표 2⟩. 깨달음의 종류 (p.21)
⟨표 3⟩. 사성제 (p.48)
⟨표 4⟩. 40가지 선정 수행 (p.61, 62)
⟨표 5⟩. 일곱 가지 청정 (p.63)
⟨표 6⟩. 사마타와 위빠사나 비교 (p.73)
⟨표 7⟩. 개념과 실재하는 법 (p.79)
⟨표 8⟩. 실재하는 법 (p.84, 85)
⟨표 9⟩. 실재하는 법들과 오온, 12처, 18계 (p.94)
⟨표 10⟩. 24가지 조건들 (p.96)
⟨표 11⟩. 도의 마음에 의해 제거되는 번뇌들 (p.116)
⟨표 12⟩. 불교의 세상 (p.129)

※ 위 도표 중 1, 2, 3, 8번은 필자가 만들었고, 6은 테라와다 불교대 강의안을 기초로 필자가 만들었으며, 도표 7은 Agganyāni님의 표를 기초로 필자가 만들었고, 도표 4, 5, 9, 10, 11, 12는 초기불전연구원의 아비담마 길라잡이에서 인용하였다. 원래 아비담마 길라잡이에 나오는 도표는 미얀마 우 실라난다 사야도께서 만든 것임을 밝힌다.

※ 이 책의 경전 표시는 국내에서 번역된 초기불전연구원이나 빠알리성전협회의 니까야 번호이며, 사용된 약어는 다음과 같다.
  A. Aṅguttara Nikāya (앙굿따라 니까야, 증지부)
  D. Dīgha Nikāya (디가 니까야, 장부)
  M. Majjhima Nikāya (맛지마 니까야, 중부)
  S. Saṁyutta Nikāya (쌍윳따 니까야, 상응부)

1. 불교를 잘 이해하는 방법

부처님의 가르침을 바르게 이해한다는 것은 쉬운 일이 아니다. 그렇다고 어렵게만 여겨 방법을 찾지 않음도 잘못이다. 불교를 잘 이해하기 위해서는 불교와 관련된 유익한 정보를 많이 가지고 있으면 된다. 불교와 관련된 유익한 정보가 많을 때 불교에 대한 정확한 이해와 판단이 생긴다.

그러면 불교를 잘 알기 위한 유익한 정보의 종류와 범위에 대해서 알아보자.

불교와 관련하여 알아야 할 많은 부분이 있다. 그 가운데서 불교 전반의 이해를 돕기 위해서는 먼저 불교 역사에 관한 학습이 선행되어야 한다.

불교는 고따마 부처님의 가르침이다. 고따마 부처님, 즉 석가모니 부처님은 지금으로부터 2600여 년 전 인도에서 태어나셨다. 그래서 지금의 우리와는 그만큼의 시간적 간극이 존재한다. 이것을 극복하기 위해서는 우선 불교 역사를 알아야 한다. 불교가 어떻게 변천하여 지금에 이르렀는가를 한 번 살펴볼 필요가 있다.

불교 역사는 각 나라나 부파·종파에 따라 조금씩 달리 기술되고 있어서 몇몇 역사서를 참고하여 정리해야 한다. 불교의 대표적인 두 학파인 남방의 상좌부불교와 북방의 대승불교에서 전하고 있는 불교 역사를 같이 정리하면 전반적인 불교 역사의 흐름을 알 수 있을 것이다. 이 책에서는 불교 역사 부분은 다루지 않겠다.

불교는 인도에서 생겼으므로 그 당시 인도의 사상적 문화적 배경 등을 살펴보아야 한다. 부처님께서 태어날 즈음에 정치·경제적 상황이나 종교계의 흐름을 살피면 경전의 내용을 이해하는 데 도움이 되리라 본다.

불교를 이해하기 어렵게 하는 또 다른 이유는 너무 많은 불교가 있다는 것이다. 불교라는 이름으로 여러 가지 형태의 것들이 존재한다. 우리나라를 위시해서 중국, 티벳, 일본 등에서 행해지는 대승불교와 미얀마, 태국, 스리랑카 등지에서 행해지는 남방 상좌부불교 그리고 각 불교권에서도 종파마다 조금씩 다르게 불교를 행하고 있다.

여기에서는 불교의 가장 큰 학파라고 볼 수 있는 남방 상좌부와 북방 대승과의 차이점을 살펴보겠다. 이 두 학파 간의 차이점을 이해한다면 불교 전반에 관한 이해가 쉬워질 것이다.

2. 대승불교와 상좌부불교

　　　　　　　　불교에는 많은 학파와 종파가 존재한다. 크게 보자면 북방 대승불교와 남방 상좌부불교로 나누어 볼 수 있다. 이 두 불교권은 오랜 역사를 지니며 지금껏 존속해오며 불교를 대표하고 있다. 대승불교와 상좌부불교는 같은 불교라는 이름을 쓰고 있지만 또 많은 차이점을 보이고 있다.

　　대승불교는 지역적으로 인도를 기준으로 해서 북쪽 지역에 위치한 중국, 티벳, 한국, 일본 등에서 행해지므로 북방불교라고도 불린다. 상좌부불교는 인도를 기준으로 해서 남쪽 지역에 위치한 스리랑카, 미얀마, 태국, 라오스, 캄보디아 등에서 행해져서 남방불교라고도 한다.

　　대승불교는 산스크리트어(Sanskrit)를 원전어로 한 대승불교

삼장을 지니고 있다. 이 말은 대승의 경전은 원래 산스크리트어로 쓰여졌다는 말이다. 상좌부불교는 빠알리어를 원전어로 한 상좌부 빠알리 삼장을 지닌다. 그리하여 남방 상좌부 경전은 빠알리어로 쓰여졌고, 그냥 '빠알리(Pāli)'라는 말 자체만으로도 상좌부의 경전을 의미하기도 한다.

대승불교는 타력 신앙적인 측면을 중시하고 자비를 중시한다. 이상적으로 추구하는 인간상은 보살이 된다. 보살은 자신의 깨달음을 뒤로 미루더라도 보시·인욕 등의 바라밀을 실천하기 때문이다. 상좌부불교는 자력 신앙의 측면이 강하여 개인적 지혜를 강조한다. 지혜가 중요시 되어 통찰지로 해탈한 아라한 성인을 이상적 인간상으로 본다.

대승불교는 경전 해석에 있어서 보다 개방적이며 계율도 탄력적으로 적용하며 대승보살계를 중시한다. 반면 상좌부불교는 석가모니 부처님이 가르치신 부분을 고수하려는 보수적 성격이 강하고 계율 준수도 부처님 당시의 계율을 그대로 따르려는 입장이다. 공양 문제에 있어서도 대승불교는 채식주의를 따르고 상좌부는 오후 불식을 지킨다.

대승불교는 존재론적 측면을 강조하며 우주의 본질탐구나 공사상 등이 등장하고 수행은 선 수행을 중시한다. 상좌부불교는 철학적 경향이 심리주의를 취하며 위빠사나 수행을 강조한다. 여기서 심리주의를 취한다는 말은 인간 내면에 일어나는 선(善)과 불선(不善)의 마음에 집중해서 불선을 누르고 선한 마음을 많이 일으키려 노력한다는 말이다.

이렇듯 두 불교권은 다 같이 불교라는 이름을 쓰고는 있지만 여러 측면에서 차이를 보이고 있다. 하지만 이 두 불교권을 불교라고 부를 수 있는 것은 다음과 같은 공통점을 지니고 있기 때문이다.

첫째, 두 불교권, 즉 상좌부불교와 대승불교는 공히 불교라는 이름을 쓰고 있다. 이 말은 두 불교권 모두가 석가모니 부처님을 스승으로 받들고 그 분의 가르침을 따른다는 말이다.
둘째, 부처님을 스승으로 하며 다른 유일신이나 창조주의 개념은 부정한다.
셋째, 부처님의 기본적 가르침인 사성제, 삼법인, 삼학, 연기법 등을 따른다.
넷째, 업의 개념을 받아들이고 윤회를 받아들인다.
다섯째, 열반을 목표로 하여 수행한다.

위에서 간략하게나마 두 불교권의 차이점과 공통점을 살펴보았다. 불자들이 불교를 잘 이해하기 위해서는 이 두 불교에 관한 기본적 지식을 가지고 있어야 한다. 두 불교권에 관한 비교를 〈표 1〉에 정리 했으니 참조하기 바란다.

대승불교와 상좌부불교에 관해 알아보았는데 우리나라의 불자들은 대승불교는 잘 알지만 남방 상좌부불교는 생소해 하는 경향이 있다.
상좌부불교는 다양한 이름으로 불리고 있는데 시대적으로 초기에 행해진 불교라고 해서 초기불교, 부처님 근본 가르침을 담고 있다고 해서 근본불교 등으로 불리고 있다.

현재 상좌부불교의 경전인 빠알리 경전도 우리나라 말로 많이 번역되어 있어서 불자들이 상좌부불교를 이해하기가 보다 쉬워졌다. 불교계를 양분하고 있는 남방 상좌부불교와 북방 대승불교를 비교 고찰하여 불교 전반에 대한 이해도를 높혀 나가면 부처님의 바른 가르침에 다가설 수 있을 것이다.

〈표 1〉 상좌부불교와 대승불교 비교

불교학파	상좌부불교	대승불교
지역	남방 (스리랑카, 미얀마, 태국 등)	북방 (한국, 중국, 일본 등)
성향	개인적 (지혜 강조)	대중적 (자비 강조)
이상적 인간상	아라한 (해탈 추구)	보살 (바라밀 실천으로 성불)
신앙의 형태	자력 신앙	타력 신앙
불타관	역사적 실존자 (고유명사) 석가모니 붓다, 선각자로서 붓다	깨달은 자 (일반 명사) 다불 사상 구원자로서 붓다
개방성	보수적 성격	개방적 내지 융통성 발휘
계율	철저, 비구계 위주 오후 불식	탄력적, 비구계와 대승보살계 채식주의
교단의 구성	출가자 중심주의	재가 중심주의
법을 보는 태도	분석적	직관적
경전 언어	빠알리어	산스크리트어
경전 구성	빠알리 삼장	대승 삼장
수행	사마타, 위빠사나	간화선 중심
철학적 경향	심리주의	존재론, 실재론
공통점	• 두 불교권이 각각의 특색을 지니나 불교라는 같은 이름을 씀 • 석가모니 부처님을 스승으로 모시고 다른 창조주나 신을 따르지 아니함 • 부처님 근본 교설인 사성제, 삼법인, 연기 등의 가르침을 따름 • 업과 윤회를 인정함 • 열반을 목표로 수행함	

3. 불교란 무엇인가

불자들은 '불교란 무엇인가?'라는 질문에 많이 당황해한다. 불교라는 가르침이 워낙 방대하여 대답하기가 쉽지는 않다. 하지만 '불교가 무엇인가?'라는 질문에 문자 그대로 '불교(佛敎, Buddhism)는 부처님의 가르침'이라고 하면 된다. 여기서 또 다른 문제는 그러면 부처님은 누구이며, 그 분의 가르침은 무엇인가가 설명되어야 한다. 그 분의 가르침에 대해서는 이 책 전반에 걸쳐 다루기로 하고 먼저 부처님에 관해 알아보자.

부처님이라는 말의 의미는 크게 두 가지로 나누어진다.
첫째는 깨달은 분의 총칭이다.
둘째는 역사적으로 실존했던 석가모니 부처님을 말한다.
첫 번째 의미로 부처님을 생각하면 불교의 범위가 방대해진다.

모든 깨달은 이의 가르침이 불교가 되기 때문이다. 대승불교에서 견성성불이라는 말이 있는데 직역하면 '참된 성품 바로 보면 부처를 이룬다' 는 뜻이다. 이런 의미에서 볼 때 부처님은 '깨달은 이' 를 지칭하는 일반 명사가 되어 그 범위가 넓어진다. 하지만 두 번째 의미의 부처님은 2600여 년 전 인도에 태어나 역사적으로 실존했던 석가모니 부처님을 의미하고, 그런 측면에서 불교의 범위는 제한적이 된다.

이 교재에서의 부처님은 두 번째 의미로서 새기려 한다. 이 책에서 부처님은 역사적으로 실존했고 2600여 년 전 인도에서 태어나 성도하고 전법한 후 열반하신 성은 고따마(Gotama), 이름은 싯닷타(Siddhattha)이신 석가모니 부처님으로 제한한다.

그래서 불교라고 하면 고따마 싯닷타의 가르침이다. 고따마 부처님이 인류에게 준 메시지가 불교가 된다는 말이다. 그리고 이러한 고따마 부처님의 가르침은 세상에 출현하여 정등각을 이루신 모든 부처님의 가르침과 다르지 않다.

위의 내용은 누구나 아는 것이라 할 수 있다. 여기서 이것을 먼저 밝히는 것은 많은 사람들이 중요한 부분을 간과하고 있기 때문이다. 불교가 부처님의 가르침이고 부처님께서 역사적으로 실존했던 한 인물이라면, 불교는 그 분이 살아서 우리에게 가르쳤던 그 가르침을 전해야 할 것이다.

어떤 이가 자신의 작은 지혜나 깨달음으로 법을 전한다 하더라도 그것은 단지 그의 생각이지 불교가 되는 것은 아니다. 요즈음 자신의 깨달은 바를 드러내어야 진정한 불교이고 그것이 생생한 깨달음인 양 착각하는 이들이 많은 것 같다. 불교의 진리는 부처님이 다 밝히셨고 우리는 그 분의 제자로서 그 가르침을 따르고 실현하면 되는 것이다.

부처님과 관련된 경전의 내용을 살펴보자.

> "비구들이여, 한 사람이 세상에 태어날 때 그는 유일하고, 동등한 자가 없으며, 대등한 자가 없고, 닮은 자가 없으며, 상대가 없고, 필적할 자가 없으며, 같은 자가 없고, 비길 자가 없으며 두 발을 가진 자 가운데서 최상이다. 누가 그 한 사람인가? 여래·아라한·정등각이시다."
> -「한 사람 품(A1:13:5)」

다음에 나오는 경의 내용은 부처님께서 깨달음을 성취하고 당신이 존경해야 할 대상이 있는가를 살펴보는 내용이다. 이 존재계에 부처님과 필적할 만한 존재는 없다는 말이다.

> "내가 아직 완성하지 못한 계(戒)의 무더기가 있다면… 삼매(定)의 무더기가 있다면… 통찰지(慧)의 무더기가 있다면… 해탈(解脫)의 무더기가 있다면… 해탈지견(解脫

知見)의 무더기가 있다면 그것을 완성하기 위해서 다른 사문이나 바라문을 존경하고 존중하고 의지하여 머물러야 할 것이다. 그러나 나는 신과 마라와 범천을 포함한 세상에서, 사문·바라문과 신과 사람을 포함한 무리 가운데에서, 나보다도 더 계를 잘 구족하여… 삼매를 잘 구족하여… 통찰지를 잘 구족하여… 해탈을 잘 구족하여… 해탈지견을 잘 구족하여 내가 존경하고 존중하고 의지하여 머물러야 할 다른 어떤 사문이나 바라문도 보지 못한다. 참으로 나는 내가 바르게 깨달은 바로 이 법을 존경하고 존중하고 의지하여 머무르리라." -「권청경 (S6:1)」

다음은 부처님과 제자의 관계를 알게 하는 경의 내용이다.

(아난다) "바라문이여, 각각의 관점에서나 모든 경우에서 세상에 존경받는 님, 거룩한 님, 올바로 원만히 깨달은 님인 고따마께서 성취한 모든 특징들을 갖춘 단 한 명의 수행승도 없습니다. 왜냐하면 세존께서는 일어나지 않은 길을 일으켰으며, 생겨나지 않은 길을 생겨나게 하셨으며, 선포되지 않은 길을 선포하셨습니다. 그는 길을 아는 자였고 길을 발견한 자였고 길에 통달한 자였습니다. 그러나 그의 제자들은 길을 따라 나중에 그 길을 성취하는 것입니다."
 -「고빠까 목갈라나의 경 (M108)」

우리가 깨달음을 얻어도 부처님의 법이 존재하기 때문에 깨닫는 것이다. 깨달음을 얻은 자도 부처님의 지혜나 능력에는 미칠 수가 없다.

깨달음에는 세 가지의 종류가 있다.
첫째는 정등각자의 깨달음 (Sammā sambodhi)이다.
둘째는 벽지불의 깨달음 (Pacceka bodhi)이다.
셋째는 성문 제자의 깨달음 (Sāvaka bodhi)이다.

위의 세 가지 깨달음은 아래 〈표 2〉와 같은 차이점을 갖고 있다.

〈표 2〉 깨달음의 종류

깨달은 분	정등각자	벽지불	성문승
의미	일체지와 함께 사성제를 깨달음	일체지는 없고, 사성제를 깨달음	지혜 능력 등이 제한적, 사성제를 깨달음
스승의 존재와 설법 여부	스승 없이 홀로 깨닫고 법을 설해 중생을 제도함	스승 없이 홀로 깨달으나 법을 설해 중생을 제도 못함	홀로 깨닫지 못하고 스승의 가르침을 듣고 깨달아 중생에게 법을 전해 제도함
번뇌 제거	모든 번뇌를 제거하고 잠재 습관까지도 제거함	모든 번뇌의 제거	모든 번뇌의 제거
바라밀 기간	최소 4아승지 10만 우주 대겁	2아승지 10만 우주 대겁	상수제자는 1아승지 10만 우주 대겁, 대제자는 10만 우주 대겁, 일반 제자(아라한)는 각각 다르다.

앞에서 보는 바와 같이 같은 깨달음이라도 아라한이나 벽지불이 되는 것과 고따마 부처님과 같은 정등각자가 되는 것은 다른 것이다. 그래서 경전을 보면 깨달음을 얻은 아라한 성인들도 항시 부처님께 예경한다.

지금까지 붓다의 의미에 대해서 알아보았다. 그렇다면 현재 우리 고따마 부처님은 어떤 분이셨을까? 그 분의 일대기를 한 번 살펴보자.

4. 부처님 일대기

불교는 부처님의 가르침이고 지금은 고따마(석가모니) 부처님의 가르침이 남아 있는 시대이다. 그러므로 현 불교는 고따마 부처님의 가르침이다.

고따마 부처님은 어떤 분이셨는가?

먼저 우리 고따마 부처님은 지금으로부터 4아승지 10만 우주대겁 전에 수메다라는 이름으로 대부호의 아들로 태어났다. 수메다는 부모가 죽자 모든 재산을 다른 이에게 나누어주고 출가하여 수행자가 되었다. 이때 디팡카라 부처님(Dīpaṅkarā Buddha, 연등불)께서 세상에 출현하셨다.

수메다 행자는 부처님이 출현하였다는 소식을 듣고 부처님을 뵈러 갔다. 디팡카라 부처님과 40만 명의 아라한 제자들이 지나가는 진흙길에 자신의 머리를 풀어 엎드렸다. 디팡카라 부처님은 먼 미래를 막힘없이 아는 지혜로 깊이 생각하고 행자에게 다음과 같은 수기를 주신다.

"지금으로부터 4아승지 10만 우주 대겁이 지난 후에 고따마라는 이름의 붓다가 되리라."

이러한 수기를 받은 수메다 행자는 진정한 보살이 된 것이다. 보살이라는 명칭을 우리나라에서는 재가 여신도에게 쓰고 있는데 너무 가벼이 쓰지는 않나 돌이켜 볼 일이다.

보살은 일체지를 갖춘 붓다가 되기 위해 오랜 세월 바라밀행을 닦는 이를 말한다. 보살이 되기 위해서는 부처님으로부터 수기를 받아야 하는데, 수기를 받는 데도 다음과 같은 여덟 가지 조건을 갖추어야 한다.

첫째, 수기를 받을 당시에 사람으로 태어나야 한다.
둘째, 남자이어야 한다.
셋째, 그 생애에서 원한다면 바로 아라한과를 증득 할 수 있는 지혜 수행이 무르익어 있어야 한다.
넷째, 분명하게 현존하신 부처님을 직접 뵙고 수기를 받아야 한다.
다섯째, 인과응보를 믿는 정견을 갖춘 수행자나 출가자 이어야 한다.

여섯째, 세간 팔선정과 오신통을 갖추고 있어야 한다.

일곱째, 일체지를 갖춘 정등각자가 되리라고 서원을 세워야 한다.

여덟째, 붓다를 이루려는 서원이 지극해야 한다.

보살이 되어 바라밀을 닦으려는 이는 일만 우주 안에 벌겋게 타오르는 숯불을 채우고서 그 숯불을 다 밟고 지나가야 한 다해도 조금의 주저함 없이 건너갈 수 있어야 한다.

위에서 본 바와 같이 부처님 되기도 어렵지만 보살이 된다는 것도 너무나 어려운 일이다. 수기를 받아 보살이 된 이는 그때부터 바라밀을 완성시켜 나간다. 보살이 닦는 바라밀은 열 가지로 십바라밀이라 한다. 그것은 다음과 같다

첫째, 보시 바라밀 (Dāna pāramī, 다나 빠라미)
 - 베풀고 보시하는 바라밀
둘째, 지계 바라밀 (Sīla pāramī, 실라 빠라미)
 - 오계, 팔계 등 자기에게 관계된 계를 잘 지키는 바라밀
셋째, 출리 바라밀 (Nekkhamma pāramī, 네캄마 빠라미)
 - 세속적 영화를 버리고 출가 수행하는 바라밀
넷째, 지혜 바라밀 (Paññā pāramī, 빤냐 빠라미)

- 지혜 가진 이를 친근하여 법을 묻고 지혜를 증장시키는 바라밀

다섯째, 정진 바라밀 (Vīriya pāramī, 위리야 빠라미)
- 모든 선업 짓기를 목숨 걸고 노력하는 바라밀

여섯째, 인욕 바라밀 (Khanti pāramī, 칸띠 빠라미)
- 다른 이가 존경하거나 혹은 존경하지 않고 경멸하더라도 참고 견디는 바라밀

일곱째, 진실 바라밀 (Saccā pāramī, 삿짜 빠라미)
- 바르고 진실되게 말하는 바라밀

여덟째, 결정 바라밀 (Adhitthāna pāramī, 아디타나 빠라미)
- 선업 지음에 물러나지 않고 동요됨 없이 단단히 결정하는 바라밀

아홉째, 자애 바라밀 (Mettā pāramī, 메따 빠라미)
- 모든 중생이 번영과 이익 얻기를 바라며 행하는 바라밀

열째, 평온 바라밀 (Upekkhā pāramī, 우뻬카 빠라미)
- 좋아하거나 미워하지 않아 치우치지 않게 행하는 바라밀

위와 같은 십바라밀은 세 가지 단계로 닦는다.

첫째, 기본 십바라밀 : 각각의 바라밀에 대해서 외부에 있는 재산 등 여러 가지를 포기하며 성취하는 바라밀

둘째, 중간 십바라밀 : 각각의 바라밀에 대해서 자신의 크고 작은 몸의 부분을 버리며 성취하는 바라밀
셋째, 최상 십바라밀 : 각각의 바라밀에 대해서 자신의 생명까지 버리며 성취하는 바라밀

예를 들어 보시 바라밀에서 기본 바라밀은 다른 이에게 자신의 재산을 나눠 주는 등의 바라밀로 성취된다. 중간 바라밀은 다른 이가 자신의 팔, 눈, 장기 등을 요구하면 기꺼이 보시하는 바라밀이다. 최상 바라밀은 다른 이가 자신의 생명을 필요로 할 때 목숨까지 버려가며 성취하는 바라밀이다.

이렇게 각각의 십바라밀이 세 단계로 성취되어 총 30바라밀이 있게 된다.

고따마 부처님의 전신인 보살은 이러한 삼십 바라밀을 4아승지 10만 우주 대겁 동안 닦아 완성하고는 도솔천에 태어나 붓다가 되기를 기다린다. 그 때의 수명은 57억 6천 만 년이다. 도솔천에서 수명이 다해 갈 때 일만 우주의 천인과 범천들이 보살에게 인간으로 태어날 것을 청한다.

이에 우리 고따마 부처님은 지금의 인도 까삘라 왕국의 숫도다나왕과 마하마야 왕비가 부모로 적당하다고 여기고 인도 음력 6월 보름에 왕비의 몸에 입태하고, 열 달 후 기원전 624년 4월 보름 금요일에 룸비니 동산에서 태어나셨다.

부처님의 종족은 석가족(Sakya, 사끼야족)이며 성은 고따마(Gotama)이다. 이름은 싯닷타(Siddhattha)이며 '모든 이로움을 성취한다'는 뜻이다. 어머니인 마하마야 부인은 왕자가 태어난 지 7일 만에 돌아가시고 왕자는 이모인 마하빠자빠띠 고따미에 의해서 양육된다.

왕자가 태어난 지 5일째 되는 날에 바라문들에게 왕자의 상호를 보게 하였는데 그들은 이렇게 말했다.
"왕자가 세속에 남으면 전륜성왕이 될 것이고 출가하면 붓다가 되어 뭇 중생을 제도할 것입니다."
이 말을 듣고 왕은 태자가 출가할까봐 태자 나이 16세가 되자 야소다라 공주와 결혼을 시킨다.

태자가 29세가 되었을 때 동산으로 놀이를 나가다가 동문에서 노인을 보고, 남문에서 병든 사람을 보고, 서문에서 시체를 보고는 삶은 즐길만한 것이 아니고 윤회는 두려운 것이라고 여긴다. 그는 북문에서 출가 수행자를 보고 자신도 출가하여 수행자가 될 것을 결심한다.

출가를 결심하고 난 후 태자의 아들이 태어났다. 이에 태자는 '장애가 생겼구나!' 라고 탄식하였다. 이로서 부처님의 아들 이름은 장애라는 의미의 '라훌라'가 되었다. 아들이 태어나던 그 날

밤 태자는 시종 찬다와 함께 칸따까라는 말을 타고 성을 나와 출가하였다.

태자는 출가하여 숲에 이르러 머리를 자르고 화려한 왕자의 옷을 버리고 가사를 걸쳤다. 이러한 왕자의 출가는 너무나 위대한 것이다. 보통의 인간이라면 자신의 행복한 삶을 버릴 수 있을까? 태자로서 최고의 안락한 생활을 누리다가 삶의 본질적 괴로움을 보고 출가 수행자가 되려는 마음을 낸다는 것은 너무나 어려운 일이다. 태자의 출가는 자신의 평안을 위해서가 아니라 고통 받는 인류 전체, 아니 모든 존재의 진정한 평화를 위한 결단이었다.

태자는 출가하여 알라라 깔라마에게서 무소유처정(無所有處定)을 배우고, 웃다까 라마뿟따에게서 비상비비상처정(非想非非想處定)을 배웠다. 이러한 세간 선정은 번뇌를 제거하지 못하고 해탈로 이끌지 못한다고 알고는 스승들을 떠나 우루벨라 숲으로 가서 고행을 시작했다. 이 때의 고행은 어떠했는가? 직접 부처님의 말씀을 들어보자. 「사자후에 대한 큰 경 (M12)」에서 부처님께서 싸리뿟따 존자에게 설하신 내용이다.

"싸리뿟따여, 그 가운데 나의 고통스러운 삶은 이와 같았다. 나는 벌거벗고, 편의를 거부하고, 손가락을 빨고, 오라는 초대를 거부하고, 머물라는 환대도 거부하고, 제공된 음식을 거부하고, 할당된 음식을 거부하고, 식사의 초대도 거부했다. 나는 하루 한 번 식사를 했고, 이틀에 한 번 식사를 했고, 사흘에 한 번 식사를 했고, 엿새에 한 번 식사를 했고, 칠일에 한 번 식사를 했다. 이와 같이 해서 보름에 한 번 하는 정기적인 식사를 실천했다. 나는 오로지 야채만을 먹거나, 기장만을 먹거나, 생쌀만을 먹거나, 다듬이쌀만을 먹거나, 하타초만을 먹거나, 쌀겨만을 먹거나, 반죽만을 먹거나, 참깨가루만을 먹거나, 풀만을 먹거나, 쇠똥만을 먹었다. 나는 머리카락과 수염을 뽑는 수행을 추구하는 자로서 머리카락과 수염을 뽑아버렸다. 나는 앉는 것을 거부하고 계속 서 있는 자로서 앉는 것을 거부하고 계속 서 있었다. 나는 웅크리고 앉는 것을 유지하기 위해 애쓰는 자로서 계속 웅크리고 앉았다. 나는 못이 박힌 침대를 잠자리로 사용하는 자로서 못이 박힌 침대를 사용했다. 나는 저녁까지 하루 세 번 목욕재계하는 자로서 하루 세 번 목욕을 실천하며 살았다. 이러한 다양한 방법으로 나는 몸을 괴롭히고 학대하는 것을 추구했다. 나의 고행은 이와 같았다."

부처님께서는 이와 같은 고행을 행하였다. 하지만 이러한 극도의 고행도 태자가 바라던 해탈로 이끌지는 못했다. 이에 태자는 극심한 고행이 아무 이익이 없음을 깨닫고 고행을 버리고 다시 음식을 먹게 되었다. 이 때 수행을 같이 해오던 다섯 명의 수행자는 태자가 타락했다며 그를 버리고 떠났다.

태자의 나이 35살이 되는 4월 보름날 수자따의 우유죽 공양을 받으시고 보리수 나무 아래에 앉았다. 보리좌(菩提座)에 앉은 태자는 '살갗과 힘줄과 뼈만 남고 피와 살은 다 말라버리더라도 깨닫지 못한다면 결코 이 가부좌를 풀지 않을 것이다' 라고 결심하고 정진하였다.

붓다가 될 태자는 해가 지기 전에 마라의 군대를 물리쳤다. 그렇게 하여 4월 보름날 초저녁 모든 전생을 기억해서 아는 숙명통 지혜를 얻었다. 한 밤 중에는 하늘눈의 지혜를 얻었다. 먼동이 틀 무렵 일체지를 얻어서 붓다가 되었다.

깨달음을 얻은 후 부처님께서는 다음과 같이 읊으셨다. 즉 다음의 게송은 부처님의 오도송(悟道頌)이 된다.

"수많은 삶, 윤회 속을 헤매며
집 짓는 자를 찾았지만 찾지 못하여
계속해서 태어남은 괴로움이었네.
오, 갈애라는 집짓는 자여!
이제 그대를 보았으니
그대는 더 이상 집을 짓지 못하리라.

서까래는 부서졌고 대들보는 뿔뿔이 흩어졌으며
마음은 열반에 이르러
갈애의 소멸을 성취하였노라."
-「법구경 게송 (153, 154)」

부처님께서는 깨달음을 이루고 첫 법륜(法輪)을 굴리려고 6월 보름에 다섯 수행자들이 있는 사슴 동산으로 가셨다. 붓다가야에서 사슴동산까지는 18요자나(길이의 단위, 1요자나=약 13km), 지금의 200km가 넘게 떨어진 거리이다. 이 먼 길을 부처님께서는 법을 전하기 위해 걸어가셨다. 오비구들에게 최초의 법문을 하셨는데 법문 내용은 「초전법륜경 (S56:11)」에 잘 나와 있다. 부처님께서 깨달음을 얻으시고 처음 법을 설하신 것이니 너무나도 중요하다. 그 처음 설법은 다음과 같다.

"비구들이여, 수행자가 가까이 하지 않아야 할 두 가지 극단이 있다.
무엇이 둘인가? 하나는 저열하고 촌스럽고 범속하고 성스럽지 못하고 이익을 주지 못하는 감각적 욕망들에 대한 쾌락의 탐닉에 몰두하는 것이다. 다른 하나는 괴롭고 성스럽지 못하고 이익을 주지 못하는 자기학대에 몰두하는 것이다. 비구들이여, 이러한 두 가지 극단을 의지하지 않고 여래는 중도(中道)를 완전하게 깨달았나니 이러한 중도는 안목을 만들고 지혜를 만들며, 고요함과 최상의 지혜와 바른 깨달음과 열반으로 인도한다."

"비구들이여, 그러면 어떤 것이 여래가 완전하게 깨달았으며, 안목을 만들고 지혜를 만들며, 고요함과 최상의 지혜와 바른 깨달음과 열반으로 인도하는 중도인가? 그것은 바로 여덟 가지 구성 요소를 가진 성스러운 도이니, 바른 견해, 바른 사유, 바른 말, 바른 행위, 바른 생계, 바른 정진, 바른 새김, 바른 삼매이다. 비구들이여, 이것이 바로 여래가 완전하게 깨달았으며, 안목을 만들고 지혜를 만들며, 고요함과 최상의 지혜와 바른 깨달음과 열반으로 인도하는 중도이다."

부처님의 최초 법문은 중도에 관한 것이다. 이러한 중도는 수행자는 감각적 쾌락을 추구하지도 말고, 자신을 괴롭히는 극단적 고행도 추구하지 말라는 말씀이다.

이러한 법문은 부처님 당신이 태자로서 29년간 감각적 쾌락을 누리고, 출가하여 6년간 고행을 행하였지만 둘 다 잘못됨을 스스로 알게 된 것이다. 부처님께서는 다시 중도의 내용을 팔정도의 실천이라고 「초전법륜경」에서 설하고 계신다.

부처님께서는 녹야원에서 처음 법륜을 굴리고 그 해 안거를 그

곳에서 나셨다. 안거 석 달 동안 야사와 그의 친구들 55명이 출가하고 아라한이 되었다. 안거가 끝나자 60명의 아라한 제자들을 불러 놓고 전법 선언을 하신다.

"비구들이여! 나는 인간계와 천상계의 모든 결박에서 해방되었도다. 그대들도 역시 인간계와 천상계의 모든 결박으로부터 벗어났도다. 비구들이여! 이제 나아가 많은 사람들의 안녕과 행복을 위해, 이 세상에 대한 자비심에서, 신들과 인간들의 이익과 안녕, 행복을 위해 두루 다니라.

두 사람이 한 방향으로 같이 가지 말라. 그래서 시작도 훌륭하고 중간도 훌륭하고 끝도 훌륭한 이 법을, 의미와 표현을 구족하여, 더할 나위 없이 완벽한 이 법을 선포하라. 세상에는 눈이 과히 흐리지 않은 사람도 있는데, 법을 듣지 못하면 그런 사람들마저 바른 길에 들 기회를 놓치게 되고 말 것이다. 세상에는 법을 이해 할 수 있는 사람들도 있을 것이다. 나는 세나 니가마의 우루웰라 숲으로 나아가서 법을 설하여, 1천 명의 출가 고행자들로 구성된 결발 수행자 형제들의 마음을 돌려놓을 것이니라."
  -「율장, 대품의 건도부」에서

이와 같이 부처님은 전법선언을 하시고 당신께서도 대열반에 드시는 그 날까지 전법의 길을 멈추지 않으셨다. 모든 존재의 번영과 안락을 바라고 모든 존재들에게 자애로운 마음을 가지라고 가르침을 주셨다. 「말리까의 경 (S3:8)」에서 부처님은 다음과 같이 설하셨다.

"마음으로 사방을 찾아보건 만
자신보다 사랑스러운 자 볼 수가 없네.
이처럼 누구에게나 자신이 사랑스러운 법
그러므로 자기를 사랑하는 자, 남을 해치지 마세."

우리 모두는 자신이 가장 소중하다. 다른 존재들도 자신이 소중하다고 생각한다. 자신의 번영과 평안을 바란다면 다른 이의 안녕과 번영을 침해하지 않아야 한다.

그러므로 이제껏 불교 역사에서 불교의 이름으로 전쟁을 일으키지 않고, 붓다의 이름으로 성전을 부르짖는 어리석은 일은 없었다. 진정 불교야말로 자비와 평화를 가르쳤다. 숫타니파타의 「자애경」에서는 다음과 같이 자애를 펴라고 하신다.

"어느 누구도, 어디에서도,
다른 이를 속이거나 멸시하지 말아야 하느니라.
몸과 입으로 괴롭히거나, 화내는 마음으로 서로가 서로에게
고통을 주지 말아야 하느니라."

"어머니가 하나뿐인 자식을 자신의 목숨으로 보호하듯이,
이 세상의 모든 존재에게 한없는 자애를 품어야 하느니라."

이처럼 부처님의 자애로운 가르침은 제한이 없다. 불교의 전파에 있어서도 언제나 평화적이다. 총칼을 앞세워 불교를 강요하지 않고, 종교가 다르다는 이유로 불교도가 다른 이를 박해한 역사는 없다.

아직 인도에는 계급 제도가 존속해 있다. 하지만 부처님께서는 2600여 년 전 이러한 신분 제도에 반대하셨다. 부처님의 제자 모임인 상가에는 당시 천민 계층인 이발사나 청소부가 있었고, 노예 출신 비구니 스님도 있었다. 부처님께서는 숫타니파타의 「천한 사람의 경」에서 천하고 고귀한 사람은 다음과 같은 이유로 달라진다고 하셨다.

"날 때부터 천한 사람인 것이 아니오,
태어나면서 바라문인 것도 아닙니다.
행위에 의해서 천한 사람도 되고,
행위에 의해서 바라문도 되는 것입니다."

부처님께서는 법을 전하기 위해 흙먼지 날리는 인도 전역을 다니시고 대열반에 들기 위해 쿠시나라로 향하셨다. 부처님께서는

웨살리의 벨루와 마을에서 44번째 안거를 나셨다. 안거를 하는 도중에 부처님께서는 혹독한 병에 걸리셨다. 하지만 부처님께서는 정진력으로 병을 다스리고 회복 하셨다. 이에 아난다 존자는 기뻐 부처님께 말씀드렸다.

"세존께서 아프셨기 때문에 저는 방향 감각을 잃어버렸고, 어떠한 법들도 제게 분명하게 드러나지 않았습니다. 그래도 제게는 '세존께서는 비구 승가를 두고 아무런 분부도 없으신 채로 반열반에 들지는 않으실 것이다'라는 어떤 안심이 있었습니다."

"아난다여, 그런데 비구 승가는 나에 대해서 무엇을 더 바라는가? 나는 안과 밖이 없이 법을 설하였다. 아난다여, 여래가 가르친 법들에는 스승의 주먹과 같은 비밀스런 전수는 따로 없다."

"아난다여, 그러므로 여기서 그대들은 자신을 섬으로 삼고 자신을 귀의처로 삼아 머물고, 남을 귀의처로 삼아 머물지 말라. 법을 섬으로 삼고 법을 귀의처로 삼아 머물고, 다른 것을 귀의처로 삼아 머물지 말라.

그러면 어떻게 비구는 자신을 섬으로 삼고 자신을 귀의처로 삼아 머물고, 남을 귀의처로 삼아 머물지 않는가? 어떻게 비구는 법을 섬으로 삼고 법을 귀의처로 삼아 머물고, 다른 것을 귀의처로 삼아 머물지 않는가?

비구들이여, 여기 비구는 몸에서 몸을 관찰하며 머문다. 세상에 대한 욕심과 싫어하는 마음을 버리면서 근면하게, 분명하게 알아차리고 마음챙기는 자 되어 머문다. 느낌에서 느낌을 관찰하며 머문다 … 마음에서 마음을 관찰하며 머문다 … 법에서 법을 관찰하며 머문다.

아난다여, 이와 같이 비구는 자신을 섬으로 삼고 자신을 귀의처로 삼아 머물고 남을 귀의처로 삼아 머물지 않으며, 법을 섬으로 삼고 법을 귀의처로 삼아 머물고 다른 것을 귀의처로 삼아 머물지 않는다." -「대반열반경 (D16)」

부처님께서는 제자들이 당신을 바라보고 의지하며 따르는 것을 원치 않았다. 대신 수행자들에게 자신과 법에 의지해서 정진하라고 당부하셨다. 자신과 법을 의지하는 구체적 내용은 바로 네 가지 알아차림의 확립인 사념처 수행을 말한다.

부처님께서는 계속해서 쿠시나라로 나아가셨다. 쿠시나라 근처의 말라들의 살라숲에서 45년째 안거를 나기 전 음력 4월 보름에 부처님께서는 대반열반에 드신다. 대반열반에 들기 전 부처님께서는 아난다 존자를 불러 다음과 같이 말씀하셨다.

"아난다여, 그런데 아마 그대들에게 '스승의 가르침은 이제 끝나 버렸다. 이제 스승은 계시지 않는다.'라는 이런 생각이 들지도 모른다. 아난다여, 그러나 그렇게 봐서는 안 된다. 아난다여, 내가 가고난 후에는 내가 그대들에게 가르치고 천명한 법과 율이 그대들의 스승이 될 것이다."
－「대반열반경 (D16)」

위와 같은 말씀을 남기고 대반열반에 들기 전 부처님께서는 마지막으로 제자들에게 의심나는 것을 물어보라 하셨다. 하지만 어느 누구도 법에 대한 의혹이 없어 질문하지 않았다. 이어서 부처님께서는 다음의 마지막 말씀을 남기셨다.

이 말씀이 부처님의 마지막 유훈이다. 모든 불자들이 마음에 새기고 받들어 행하여야 할 것이다.

"Vayadhamma saṅkhara appamādena sampādetha."
(와야 담마 상카라 아빠마데나 삼빠데타.)

"조건지어진 것은 소멸하기 마련인 법이다.
 방일하지 말고 해야 할 바를 모두 성취하라."
－「대반열반경 (D16)」

5. 붓다의 가장 높은 가르침
–사성제

앞에서 부처님의 일대기에 대해 살펴보았다. 이제 그 분의 가르침에 관해 알아보자. 부처님의 가르침은 팔만 사천 법문으로 알려져 너무나 방대하다. 그 많은 설법 가운데 가장 중요하며 다른 모든 법문을 포함하는 가르침이 있을까? 그러한 가르침이 존재한다. 그것은 바로 사성제의 가르침이다.

「코끼리 발자취 비유경 (M28)」에서 사리붓따 존자께서는 다음과 같이 말씀하신다.

"벗 들이여, 움직이는 생물의 발자취는 어떠한 것이든 모두 코끼리의 발자취에 포섭되고 그 크기에서 그들 가운데 최상이듯이, 벗들이여, 이와 같이 착하고 선한 법이라면 어떠한 것이든 모두 네 가지 거룩한 진리에 포섭됩니다. 네 가지란 어떠한 것입니까? 괴로움의 성스러운 진리, 괴로움의 발생의 성스러운 진리, 괴로움의 소멸의 성스러운 진리, 괴로움의 소멸에 이르는 길의 성스러운 진리입니다."

이와 같이 사성제의 진리는 모든 선법을 아우르고 있는 가르침이고, 해탈을 위한 가장 긴요한 가르침이다. 「싱사빠 숲 경(S56:31)」에서 설하신 부처님의 가르침을 들어보자.

세존께서는 싱사빠 잎사귀들을 조금 손에 들고 비구들을 불러서 말씀하셨다.

"비구들이여, 이를 어떻게 생각하는가? 내가 손에 조금 들고 있는 이 싱사빠 잎사귀들과 이 싱사빠 숲 전체에 있는 저 잎사귀들 가운데서 어느 것이 더 많은가?"

"세존이시여, 세존께서 손에 조금 들고 계시는 그 싱사빠 잎사귀들은 아주 적습니다. 이 싱사빠 숲 전체에 있는 저 잎사귀들이 훨씬 더 많습니다."

"비구들이여, 그와 같이 내가 최상의 지혜로 안 것들 가운데 내가 가르치지 않은 것이 훨씬 더 많다. 내가 가르친 것은 아주 적다. 비구들이여, 그러면 나는 왜 가르치지 않았는가? 비구들이여, 그것들은 이익을 주지 못하고, 그것들은 청정범행의 시작에도 미치지 못하고, 염오로 인도하지 못하고, 탐욕의 빛바램으로 인도하지 못하고, 소멸로 인도하지 못하고, 고요함으로 인도하지 못하고, 최상의 지혜로 인도하지 못하고, 바른 깨달음으로 인도하지 못하고, 열반으로 인도하지 못하기 때문이다. 그래서 나는 그것들을 가르치지 않았다."

"비구들이여, 그러면 나는 무엇을 가르쳤는가? 비구들이여, 나는 이것은 괴로움이라고 가르쳤다. 나는 이것은 괴로움의 일어남이라고 가르쳤다. 나는 이것은 괴로움의 소멸이라고 가르쳤다. 나는 이것은 괴로움의 소멸로 인도하는 도닦음이라고 가르쳤다."

"비구들이여, 그러면 왜 나는 이것을 가르쳤는가? 비구들이여, 이것은 참으로 이익을 주고, 이것은 청정범행의 시작이고, 염오로 인도하고, 탐욕의 빛바램으로 인도하고, 소멸로 인도하고, 고요함으로 인도하고, 최상의 지혜로 인도하고, 바른 깨달음으로 인도하고, 열반으로 인도하기 때문이다. 그래서 나는 이것(사성제의 가르침)을 가르쳤다."

이와 같이 사성제의 가르침은 부처님의 모든 가르침을 아우르고, 가장 핵심적 내용을 담고 있는 것이다. 또한 부처님께서는 「초전법륜경 (S56:11)」에서 깨달음을 얻은 것은 사성제의 진리를 깨달았기 때문이라고 말씀하신다.

> "비구들이여, 내가 이와 같이 사성제를 있는 그대로 알고 보는 것이 지극히 청정하게 되었기 때문에 나는 위없는 바른 깨달음을 실현했다고 신과 마라와 범천을 포함한 세상에서, 사문 바라문과 왕족들과 일반인들이 포함되는 인간계에서 스스로 천명하였다."

그렇다면 사성제의 내용은 무엇인가?
첫째, 괴로움의 성스러운 진리(苦)
둘째, 괴로움의 일어남의 성스러운 진리(集)
셋째, 괴로움의 소멸의 성스러운 진리(滅)
넷째, 괴로움의 소멸로 인도하는 길의 성스러운 진리(道)이다.

「대념처경」에서 부처님께서는 다음과 같이 사성제를 가르치신다.

> "비구들이여, 그러면 무엇이 괴로움인가? 태어남도 괴로움이다. 늙음도 괴로움이다. 병도 괴로움이다. 죽음도 괴로

음이다. 근심·탄식·육체적 고통·정신적 고통·절망도 괴로움이다. 원하는 것을 얻지 못하는 것도 괴로움이다. 요컨대 나라고 집착하는 다섯 가지 무더기들 자체가 괴로움이다." - 고성제(苦聖諦)

"비구들이여, 그러면 무엇이 괴로움의 일어남의 성스러운 진리인가? 그것은 갈애이니, 다시 태어남을 가져오고 환희와 탐욕이 함께 하며 여기저기서 즐기는 것이다. 즉 감각적 욕망에 대한 갈애, 존재에 대한 갈애, 존재하지 않는 것에 대한 갈애가 그것이다." - 집성제(集聖諦)

"비구들이여, 그러면 무엇이 괴로움의 소멸의 성스러운 진리인가? 갈애가 남김없이 빛바래어 소멸함, 버림, 놓아버림, 벗어남, 집착 없음이다. 비구들이여, 이를 일러 괴로움의 소멸의 성스러운 진리라 한다." - 멸성제(滅聖諦)

"비구들이여, 그러면 무엇이 괴로움의 소멸로 인도하는 도닦음의 성스러운 진리인가? 그것은 바로 여덟 가지 구성요소를 가진 성스러운 도이니, 즉 바른 견해(正見), 바른 사유(正思惟), 바른 말(正語), 바른 행위(正業), 바른 생계(正命), 바른 정진(正精進), 바른 새김(正念), 바른 삼매(正定)이다." - 도성제(道聖諦)

이러한 사성제는 다음과 같이 비유된다.

병이 걸린 사람이 의사를 찾아 갔을 때,
첫째, 먼저 당신이 어떤 병에 걸렸다고 알려주는 것이 고의 진리
둘째, 그 병의 원인에 대해 알려 주는 것이 집의 진리
셋째, 병이 다 치유되는 것이 멸의 진리
넷째, 병을 치유하는 처방 혹은 약이 도의 진리이다.

다시 말하자면 부처님께서는 우리 중생들은 병에 걸려 있다고, 즉 고통의 상태에 있다고 먼저 고성제의 가르침을 설하시고, 다음에 그 병의 원인에 대해서 말씀하시는 것이 집성제이다. 집성제에서 병의 원인은 갈애, 집착이라고 말씀하신다. 즉 갈애가 계속해서 고통을 야기하고 계속적인 태어남을 가져온다는 말이다.

그런데 그러한 병이 치유될 수 있는가? 즉 고통이 완전히 소멸될 수 있는가? 그에 대한 해답이 멸성제이다. 열반은 모든 고통의 소멸로 알려지므로 고통이라는 병은 완전한 치유가 가능하다. 만약 여기서 고(苦)라는 병이 치유되지 못한다면 불교가 세상을 비관적이고 회의론 적으로 본다고 비난 받을 수 있겠지만 그렇지 않다. 중생들의 고통은 다 소멸될 수가 있고 그것이 열반이다.

마지막으로 그러한 열반에 이르기 위한 방법, 처방이 도성제이다. 고의 소멸에 이르는 길 혹은 방법, 실천을 제시한 것이다. 도성제는 다름 아닌 팔정도를 말한다.

「초전법륜경 (S56:11)」에서 부처님은 사성제를 또 다음과 같이 설하신다.

첫째, 고의 진리는 잘 알아야 하고, 즉 진정 고통이라고 알아야 하며
둘째, 집의 진리는 제거해야 하고, 즉 고통의 원인이 되는 갈애는 버려야 하며
셋째, 멸의 진리는 실현해야 하고, 즉 고통의 소멸인 열반은 수행자가 실현해야 하고
넷째, 도의 진리는 실천해야 하고, 즉 팔정도 수행은 잘 실천하여야 한다.

다시 말해 이러한 조건 지워진 존재가 고통 속에 있음을 알고, 그 고통을 야기하는 원인을 잘 알아서 제거하고, 고통의 완전한 소멸인 열반을 실현해야 한다. 그러한 열반의 실현은 팔정도에 의해서 이루어지는데 그러한 팔정도는 잘 실천하여야 한다는 말씀이다.

사성제에서 집의 진리가 원인이고, 고의 진리는 결과로서 윤회하는 법을 설하신다. 즉 갈애가 원인이 되어 고가 계속적으로 생겨나는 것이다. 반면에 도의 진리를 닦아 멸의 진리인 열반에 이르게 되어 윤회에서 벗어나는 법을 가르치셨다.

여기서 주의할 것은 열반은 조건 지워진 법이 아니기에 도를 닦은 것을 원인으로 열반이 있다고는 생각하지 말아야 한다. 열반은 어떠한 원인이나 조건에 관계없이 고요함(寂靜)을 특징으로 하는 법이다.

위의 내용을 다시 정리하면 범부들은 갈애로 집착하여 고통을 계속 낳고, 성인은 팔정도를 잘 수행하여 열반에 이르러 고통을 종식시킨다는 가르침이다.
다음의 〈표 3〉에서 사성제, 팔정도, 삼학에 관해 정리하였다. 부처님 가르침 상호간의 연계성을 이해하고 팔정도에 관해 좀더 알아보자.

〈표 3〉 사성제, 팔정도, 삼학

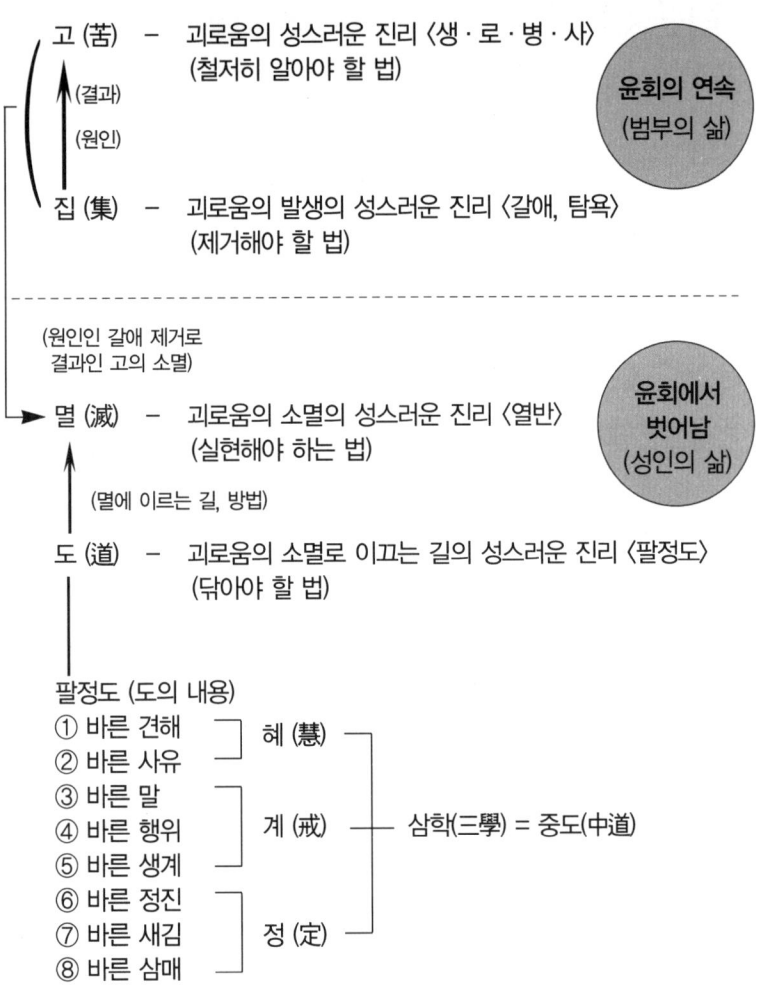

6. 팔정도와 삼학

불교인의 목표는 열반의 실현이고, 열반을 실현하는 방법이 팔정도이다. 팔정도는 너무도 중요한 가르침이다. 「대반열반경 (D16)」에서 부처님은 팔정도를 실천하는 모임이 부처님의 가르침을 따르는 모임이라고 말씀하신다.

"수밧다여, 어떤 법과 율에서든 여덟 가지 성스러운 도(팔정도)가 없으면 거기에는 사문도 없다. 거기에는 두 번째 사문도 없다. 거기에는 세 번째 사문도 없다. 거기에는 네 번째 사문도 없다. 수밧다여, 그러나 어떤 법과 율에서든 여덟 가지 성스러운 도가 있으면 거기에는 사문도 있다. 거기에는 두 번째 사문도 있다. 거기에는 세 번째 사문도 있다. 거기에는 네 번째 사문도 있다.
수밧다여, 이 법과 율에는 여덟 가지 성스러운 도가 있다.

수밧다여, 그러므로 오직 여기에만 사문이 있다. 여기에만 두 번째 사문이 있다. 여기에만 세 번째 사문이 있다. 여기에만 네 번째 사문이 있다. 다른 교설들에는 사문들이 텅 비어 있다. 수밧다여, 이 비구들이 바르게 머문다면 세상에는 아라한들이 텅 비지 않을 것이다."

팔정도의 내용은 무엇을 말하는가?「대념처경」에 나오는 팔정도의 가르침은 다음과 같다.

"비구들이여, 그러면 무엇이 바른 견해인가?
비구들이여, 괴로움에 대한 지혜, 괴로움의 일어남에 대한 지혜, 괴로움의 소멸에 대한 지혜, 괴로움의 소멸로 인도하는 도닦음에 대한 지혜, 이를 일러 바른 견해라 한다.

비구들이여, 그러면 무엇이 바른 사유인가?
비구들이여, 벗어남에 대한 사유, 악의 없음에 대한 사유, 해코지 않음에 대한 사유, 이를 일러 바른 사유라 한다.

비구들이여, 그러면 무엇이 바른 말인가?
비구들이여, 거짓말을 삼가고 중상모략을 삼가고 욕설을 삼가고 잡담을 삼가는 것, 이를 일러 바른 말이라 한다.

비구들이여, 그러면 무엇이 바른 행위인가?
비구들이여, 살생을 삼가고 도둑질을 삼가고, 삿된 음행을 삼가는 것, 이를 일러 바른 행위라 한다.

비구들이여, 그러면 무엇이 바른 생계인가?
비구들이여, 성스러운 제자는 삿된 생계를 제거하고 바른 생계로 생명을 영위한다. 비구들이여, 이를 일러 바른 생계라 한다.

비구들이여, 그러면 무엇이 바른 정진인가?
비구들이여, 여기 비구는 아직 일어나지 않은 사악하고 해로운 법들을 일어나지 못하게 하기 위해서 의욕을 생기게 하고 정진하고 힘을 내고 마음을 다잡고 애를 쓴다. 이미 일어난 사악하고 해로운 법들을 제거하기 위하여 의욕을 생기게 하고 정진하고 힘을 내고 마음을 다잡고 애를 쓴다. 아직 일어나지 않은 유익한 법들을 일어나도록 하기 위해서 의욕을 생기게 하고 정진하고 힘을 내고 마음을 다잡고 애를 쓴다. 이미 일어난 유익한 법들을 지속시키고 사라지지 않게 하고 증장시키고 충만하게 하고 계발하기 위해서 의욕을 생기게 하고 정진하고 힘을 내고 마음을 다잡고 애를 쓴다. 비구들이여, 이를 일러 바른 정진이라 한다.

비구들이여, 그러면 무엇이 바른 새김인가?

비구들이여, 여기 비구는 몸에서 몸을 관찰하며 머문다, 세상에 대한 욕심과 싫어하는 마음을 버리면서 근면하게, 분명히 이해하고 알아차리며 머문다. 느낌들에서… 마음에서… 법에서 법을 관찰하며 머문다. 세상에 대한 욕심과 싫어하는 마음을 버리면서 근면하게, 분명히 이해하고 알아차리며 머문다. 비구들이여, 이를 일러 바른 새김이라 한다.

비구들이여, 그러면 무엇이 바른 삼매인가?

비구들이여, 여기 비구는 감각적 욕망을 완전히 떨쳐버리고 해로운 법들을 떨쳐버린 뒤, 일으킨 생각과 지속적인 고찰이 있고 떨쳐버렸음에서 생겼고, 희열과 행복이 있는 초선에 들어 머문다.

… 제2선에 들어 머문다. … 제3선에 들어 머문다. … 제4선에 들어 머문다.

비구들이여, 이를 일러 바른 삼매라 한다."

팔정도를 간략히 설명하면 다음과 같다.

첫째, 바른 견해 (正見)-사성제를 잘 아는 것, 사물의 본성을 그대로 아는 것

둘째, 바른 사유 (正思惟)-욕망을 버린 생각, 해악을 그치고 자

애의 생각을 가지는 것

셋째, 바른 말 (正語)-거짓말, 이간질 하는 말, 욕설, 거친 말, 공허한 잡담을 삼가는 것

넷째, 바른 행위 (正業)-살생하지 않고, 훔치지 아니하고, 사음하지 않는 등의 도덕적 행위

다섯째, 바른 생계 (正命)-술·무기를 팔거나, 인신 매매 등의 삿된 생계를 금하는 것

여섯째, 바른 정진 (正精進)-악업을 짓지 않고 선업을 지으려 노력함.

일곱째, 바른 새김 (正念)-몸 (身)·느낌 (受)·마음 (心)·법 (法)에 대한 알아차림의 확립

여덟째, 바른 삼매 (正定)-바르게 집중하는 것, 즉 선정을 성취하는 것

팔정도는 계·정·혜 삼학으로 구분할 수 있다. 「교리문답의 작은 경(M44)」에서 담마딘나 비쿠니 스님이 다음과 같이 구분하셨다.

(위싸카)
"존귀한 여인이여, 여덟 가지 성스러운 길이 세 가지 다발에 포함됩니까? 또는 세 가지 다발이 여덟 가지 성스러운 길에 포함됩니까?"

(담마딘나)

"벗이여, 위싸카여, 여덟 가지 성스러운 길이 세 가지 다발에 포함되지, 세 가지 다발이 여덟 가지 성스러운 길에 포함되는 것이 아닙니다. 벗이여, 위싸카여, 바른 말, 바른 행위, 바른 생계 이러한 현상들은 계행의 다발에 포함되고, 올바른 정진, 올바른 새김, 올바른 집중은 삼매의 다발에 포함됩니다. 올바른 견해와 올바른 사유는 지혜의 다발에 포함됩니다."

그리하여 팔정도와 삼학의 관계는 다음과 같다.
① 정견 ② 정사유는 혜(慧)에 속하고
③ 정어 ④ 정업 ⑤ 정명은 계(戒)에 속하고
⑥ 정정진 ⑦ 정념 ⑧ 정정은 정(定)에 속한다.

원래 삼학은 계·정·혜로 이루어 졌으나 팔정도에서는 혜·계·정의 순서이다. 삼학과 팔정도에서 순서가 다른 것은 모순처럼 보일 수 있지만 삼학을 닦아 나감을 순환적이고 연기적으로 이해하면 된다.

「소나단다 경(D4)」에서 부처님은 계와 혜에 관해 다음과 같이 설하신다.

"바라문이여, 참으로 그러합니다. 계를 통해서 청정하게 되는 것이 통찰지이고 통찰지에 의해서 청정하게 되는 것이 계입니다. 계가 있는 곳에 통찰지가 있고 통찰지가 있는 곳에 계가 있습니다. 계를 가진 자에게 통찰지가 있고 통찰지를 가진 자에게 계가 있습니다. 그러므로 이 세상은 계와 통찰지를 제일로 한다고 일컫습니다. 바라문이여, 마치 손으로 손을 씻고 발로 발을 씻는 것과 같이 계를 통해서 청정하게 되는 것이 통찰지이고 통찰지에 의해서 청정하게 되는 것이 계입니다. 계가 있는 곳에 통찰지가 있고 통찰지가 있는 곳에 계가 있습니다. 계를 가진 자에게 통찰지가 있고 통찰지를 가진 자에게 계가 있습니다. 그러므로 이 세상은 계와 통찰지를 제일로 한다고 일컫습니다."

계를 지키기 위해서는 지혜가 있어야 한다. 지혜가 없는 이는 계를 받아 지닐 생각을 하지도 않는다. 계를 잘 받아 지니는 이의 마음은 선정에 잘 들고 지혜도 생겨난다. 그리하여 그러한 지혜로운 마음은 더욱 더 계를 잘 지키려 할 것이다. 이리하여 계·정·혜 삼학은 순환적으로 닦여지고 향상되는 것이다. 모든 것은 연기적으로 일어난다.

「그릇됨 경 (A10:103)」에서 부처님께서 팔정도를 다음과 같이 가르치신다.

"비구들이여, 바른 견해를 가진 자에게 바른 사유가 생긴다. 바른 사유를 하는 자에게 바른 말이 생긴다. 바른 말을 하는 자에게 바른 행위가 생긴다. 바른 행위를 하는 자에게 바른 생계가 생긴다. 바른 생계를 가진 자에게 바른 정진이 생긴다. 바른 정진을 하는 자에게 바른 새김이 생긴다. 바른 새김을 가진 자에게 바른 삼매가 생긴다. 바른 삼매를 가진 자에게 바른 지혜가 생긴다. 바른 지혜를 가진 자에게 바른 해탈이 생긴다. 비구들이여, 이러한 올바름이 있으면 성공하고 실패가 없다."

7. 삼학과 번뇌

앞에서 팔정도와 삼학은 다르지 않음을 배웠다. 그래서 불교 수행은 팔정도를 닦는다 해도 맞고 삼학을 닦는다 해도 틀리지 않는다.

상좌부불교의 수행 지침서라 할 수 있는 책이 「청정도론」이다. 이 책은 계·정·혜 삼학에 관한 다음의 부처님 게송을 자세히 풀어 쓰고 있다.

「엉킴경 (S1:23)」에 있는 천신과 부처님의 문답이다.

(천신)
"안의 엉킴이 있고, 밖의 엉킴도 있습니다.
사람들은 엉킴으로 뒤얽혀 있습니다.
고따마시여, 당신께 그것을 여쭈오니

누가 이 엉킴을 풀 수 있습니까?"

(세존)
"통찰지를 갖춘 사람은 계에 굳건히 머물러서
 마음과 통찰지를 닦는다.
 근면하고 슬기로운 비구는 이 엉킴을 푼다.

이 경에서 부처님께서는 삼계의 굴레에서 벗어나기 위해서는 계에 굳건히 머물고 마음(삼매, 定)을 닦고, 통찰지(慧)를 닦으라고 가르치신다. 계가 청정해야 선정도 이루고 지혜가 생긴다. 「계 경 (A5:168)」에서 사리뿟따 존자의 법문을 들어보자.

"도반들이여, 계행이 없을 때 계행을 파한 자에게 바른 삼매는 조건을 상실해버립니다. 바른 삼매가 없을 때 바른 삼매가 없는 자에게 여실지견(如實知見)은 조건을 상실해버립니다. 여실지견이 없을 때 여실지견이 없는 자에게 염오와 탐욕의 빛바램은 조건을 상실해버립니다. 염오와 탐욕의 빛바램이 없을 때 염오와 탐욕의 빛바램이 없는 자에게 해탈지견은 조건을 상실해버립니다."

"도반들이여, 계행을 가지고 계행을 갖춘 자에게 바른 삼매의 조건은 구족됩니다. 바른 삼매가 있으면 바른 삼매를 구족한 자에게 여실지견의 조건은 구족됩니다. 여실지견이 있으면 여실지견을 구족한 자에게 염오와 탐욕의 빛바램의 조건은 구족됩니다. 염오와 탐욕의 빛바램이 있으면 염오와 탐욕의 빛바램을 구족한 자에게 해탈지견의 조건은 구족됩니다."

이처럼 계·정·혜 삼학은 불교 수행의 요체이고 열반을 실현하기 위해 필수적인 것이다. 그러면 삼학의 내용은 무엇인가?

삼학의 첫 번째는 계학이다. 계율의 준수이다. 일반 재가자는 어떤 계율을 지켜야 하는가? 재가자는 오계라고 알려진 다섯 가지 계율을 준수해야 한다. 오계를 받아 지니기 위해서는 스님을 찾아가서 오계 받기를 청하든지, 아니면 부처님이 모셔진 법당의 불상 앞에 가서 불·법·승 삼보에 귀의하고 오계를 받아 지니면 된다.

재가자가 지켜야 할 오계에 대하여 부처님은 숫타니파타의 「담미까의 경」에서 다음과 같이 가르치신다.

"이제 재가자가 지녀야 할 생활에 대하여 말하리라. 이와 같이 행하는 제자는 훌륭하다. 오로지 수행승에게 주어지는 가르침은 소유에 얽매인 사람이 지킬 수 없다.

산 것을 죽이거나 남을 시켜 죽여서도 안 된다. 그리고 죽이는 것에 동의해도 안 된다. 식물이건 동물이건 폭력을 두려워하는 모든 존재에 대해서 폭력을 거두어야 한다.

그리고 제자는 주지 않는 것은 무엇이든, 또 어디에 있든, 그것을 갖지 말라. 빼앗거나 빼앗는 것에 동의하지도 말라. 주지 않는 것은 무엇이든 가져서는 안 된다.

양식 있는 사람이라면 타오르는 불구덩이를 피하듯, 순결하지 못한 행위를 삼가라. 만일 순결을 닦을 수가 없더라도, 남의 아내를 범해서는 안 된다.

모임에 있든 무리 가운데 있든 간에, 누구도 남에게 거짓말을 해서는 안 된다. 거짓말을 시켜도 거짓말에 동의해도 안 된다. 모든 근거 없는 말을 하지 않는다.

또 술을 마셔서는 안 된다. 이 가르침을 기뻐하는 재가자는 이것은 마침내 미치게 하는 것임을 알고, 마시게 해도 안 되고 마시는 것에 동의해서도 안 된다."

이것이 재가자가 지켜야 할 다섯 가지 계율이다. 이 다섯 가지 계율을 잘 지키므로 계학을 잘 닦는 것이 된다.

정학은 선정이다. 마음을 고요히 하는 것이다. 부처님께서는 여러 가지 사마타(선정) 수행에 대하여 경전에서 언급하고 계신다. 「청정도론」에서는 사마타 수행으로 40가지를 들고 있다.

40가지 수행과 관련하여 〈표 4〉를 참조하고, 선정 수행에 더 자세히 알고 싶은 분들은 「청정도론」의 3장에서 12장까지의 사마타 수행 부분을 참고하기 바란다.

〈표 4〉 40가지 선정 수행

		명상주제	기질	닦음			표상			선의 경지
까시나	1	땅	모두다	준비	근접	본	준비	익힌	닮은	초선–5선
	2	물	모두다	준비	근접	본	준비	익힌	닮은	초선–5선
	3	불	모두다	준비	근접	본	준비	익힌	닮은	초선–5선
	4	바람	모두다	준비	근접	본	준비	익힌	닮은	초선–5선
	5	청색	성내는	준비	근접	본	준비	익힌	닮은	초선–5선
	6	황색	성내는	준비	근접	본	준비	익힌	닮은	초선–5선
	7	적색	성내는	준비	근접	본	준비	익힌	닮은	초선–5선
	8	백색	성내는	준비	근접	본	준비	익힌	닮은	초선–5선
	9	허공	모두다	준비	근접	본	준비	익힌	닮은	초선–5선
	10	광명	모두다	준비	근접	본	준비	익힌	닮은	초선–5선
부정함	11	부었음	탐하는	준비	근접	본	준비	익힌	닮은	초선만 가능
	12	검푸름	탐하는	준비	근접	본	준비	익힌	닮은	초선만 가능
	13	곪음	탐하는	준비	근접	본	준비	익힌	닮은	초선만 가능
	14	끊어짐	탐하는	준비	근접	본	준비	익힌	닮은	초선만 가능
	15	갉아 먹음	탐하는	준비	근접	본	준비	익힌	닮은	초선만 가능
	16	흩어짐	탐하는	준비	근접	본	준비	익힌	닮은	초선만 가능
	17	난도질	탐하는	준비	근접	본	준비	익힌	닮은	초선만 가능
	18	피가 흐름	탐하는	준비	근접	본	준비	익힌	닮은	초선만 가능
	19	벌레가 버글거림	탐하는	준비	근접	본	준비	익힌	닮은	초선만 가능
	20	해골이 됨	탐하는	준비	근접	본	준비	익힌	닮은	초선만 가능

		명상주제	기질	닦음			표상			선의 경지
수념	21	부처님	믿는	준비	근접	•	준비	익힌	•	없음
	22	가르침	믿는	준비	근접	•	준비	익힌	•	없음
	23	승가	믿는	준비	근접	•	준비	익힌	•	없음
	24	계율	믿는	준비	근접	•	준비	익힌	•	없음
	25	보시	믿는	준비	근접	•	준비	익힌	•	없음
	26	천신	믿는	준비	근접	•	준비	익힌	•	없음
	27	고요함	지적인	준비	근접	•	준비	익힌	•	없음
	28	죽음	지적인	준비	근접	•	준비	익힌	•	없음
	29	몸	탐하는	준비	근접	본	준비	익힌	닮은	초선만 가능
	30	들숨 날숨	미혹·사색	준비	근접	본	준비	익힌	닮은	초선-5선
무량	31	자	성내는	준비	근접	본	준비	익힌	•	초선-4선
	32	비	성내는	준비	근접	본	준비	익힌	•	초선-4선
	33	희	성내는	준비	근접	본	준비	익힌	•	초선-4선
	34	평온(捨)	성내는	준비	근접	본	준비	익힌	•	초선-5선
	35	한 가지 인식	지적인	준비	근접	•	준비	익힌	•	없음
	36	사대의 분석	지적인	준비	근접	•	준비	익힌	•	없음
무색계	37	공무변처	모두다	준비	근접	본	준비	익힌	•	무색계 1선
	38	식무변처	모두다	준비	근접	본	준비	익힌	•	무색계 2선
	39	무소유처	모두다	준비	근접	본	준비	익힌	•	무색계 3선
	40	비상비비상처	모두다	준비	근접	본	준비	익힌	•	무색계 4선

혜학은 위빠사나 수행을 말한다. 위빠사나 수행으로 지혜를 계발시켜서 도(道)와 과(果)의 마음을 얻는다. 즉 깨달음에 이른다. 불교적 깨달음에 이르는 전 과정을 〈표 5〉와 같이 칠청정으로 표현하기도 한다. 칠청정 가운데 첫 번째 계청정은 삼학에서 계학을 나타내고, 두 번째 마음 청정은 정학을 나타내고, 세 번째 견청정에서 마지막 일곱 번째 지와 견의 청정까지가 혜학을 나타낸다.

〈표 5〉 일곱 가지 청정(七淸淨)

청 정			수 행
I	계 (sīla)		네 가지 청정한 계
II	마음 (citta)		근접삼매와 본삼매
III	견 (diṭṭhi)		특징 등으로써 정신과 물질을 파악함
IV	의심을 극복함		정신과 물질들의 조건을 파악하는 것
V	도와 도 아님에 대한 지와 견	1	명상의 지혜
		2	생멸의 지혜 (약한 단계)
			위빠사나의 오염원을 장애라고 파악함으로써 도와 도아님의 특징을 정의하는 것
VI	도 닦음에 대한 지와 견	2	생멸의 지혜 (성숙된 단계)
		3	무너짐의 지혜
		4	공포의 지혜
		5	위험의 지혜
		6	역겨움의 지혜
		7	해탈하기를 원하는 지혜
		8	깊이 숙고하는 지혜
		9	행에 대한 평온의 지혜
		10	수순하는 지혜
	VI과 VII 사이에	11	종성의 지혜
VII	지와 견		네 가지 도에 대한 지혜

계·정·혜 삼학을 닦으면 번뇌를 다스리고 버리게 된다.
계는 번뇌를 대체하여 버리고
정은 번뇌를 억압하여 버리고
혜는 번뇌를 근절하여 버린다.

'계는 번뇌를 대체하여 버린다'는 말은 계율을 잘 지키면 계를 안 지키면 일어날 번뇌를 버린다는 말이다. 예를 들어 지나가는 개미를 보고 밟아 죽이려 하다가 살생을 하지 말라는 계율을 떠올리고는 개미를 죽이지 않았다고 하자. 이 때 이 사람은 계를 지키려 하지 않았다면 개미를 죽였을 것이다. 하지만 불살생의 계율을 지키기 위해 살생이라는 불선한 행위를 하지 않은 것이다. 그러므로 불살생의 계율을 잘 지켜 살생하려는 불선한 마음을 대체하는 것이 된다.

'정은 번뇌를 억압하여 버린다' 는 말은 선정을 얻으면 반대되는 장애들을 누르고 그것이 일어나지 못하게 누른다. 그리하여 번뇌를 억압하여 못 일어나게 한다. 선정에 들어 있는 동안에는 번뇌들은 억압되어 일어나지 아니 한다.

'혜는 번뇌를 근절하여 버린다' 는 말은 위빠사나 수행을 통하여 지혜를 계발시킨다는 말이다. 지혜가 정점에 달하였을 때 도의 마음이 일어난다. 도의 마음은 번뇌를 뿌리 뽑는다. 그래서 모든 마음의 오염원들은 혜를 닦음으로 근절된다.

다음으로 계·정·혜 삼학과 제어하는 번뇌와의 관계를 살펴보자.

계학은 말이나 행동으로 표현되는 거친 번뇌들을 제어한다.

정학은 마음에서 일어나는 번뇌들을 제압한다.

혜학은 잠재하는 번뇌들을 뿌리 뽑는다.

그러므로 계를 잘 지닌다는 것은 말이나 행동의 제어를 뜻한다. 계를 잘 지켜 거친 말, 험한 말, 거짓말 등을 하지 않고, 살생하거나, 훔치거나, 사음하고, 음주하는 등의 거친 행위를 하지 않게 되는 것이다. 다시 말해 도덕적 행위의 실천이다.

계를 지키는 것이 마음에 있다고 하여 행동을 마음대로 하면서 마음에 걸리지 않으면 된다고 하는 해괴한 주장을 하는 이들도 있는데 이는 잘못된 견해이다. 즉 불자들이 마음속으로 날아다니는 모기를 죽이고자 하는 생각이 일어나고, 다른 이의 물건을 훔치거나, 삿된 음행의 생각이 일어나도 오계를 범한 것은 아니다.

파계는 말이나 행동으로 실현되어야 한다. 마음속에서 파계의 마음이 일어나도 불선업은 될 수 있어도 엄격한 의미의 파계는 아니다. 계는 거친 말이나 행위를 다스리는 데 있다. 계를 잘 지키려는 마음이 있으면 적합한 말이나 행동이 나오는 것이지, 말과 행동이 거칠면서 나의 마음은 평온하고 계를 범함이 없다고 하는 것은 이치에 맞지 않다.

계율의 준수를 적당히 하면 되겠지 하고 생각하지 말라. 또 다른 사람과 비교하여 지키려 하지도 말라. 세상 사람들이 다 타락해도 나는 타락하지 아니하고 지계의 공덕을 쌓으리라고 생각하며 살아야 한다. 「버리고 없애는 삶의 경 (M8)」에서 부처님께서는 다음과 같이 말씀하셨다.

'다른 사람이 잔인하더라도 우리는 잔인하지 않을 것이다'라고 이와 같이 버리고 없애는 삶을 실천해야 한다.

'다른 사람들이 생명을 살해하더라도 우리는 생명을 살해하지 않을 것이다'라고 이와 같이 버리고 없애는 삶을 실천해야 한다.

'다른 사람들이 주어지지 않은 것을 빼앗더라도 우리는 주어지지 않은 것을 빼앗지 않을 것이다'라고 이와 같이 버리고 없애는 삶을 실천해야 한다.

'다른 사람들이 순결을 지키지 않더라도 우리는 순결을 지킬 것이다'라고 이와 같이 버리고 없애는 삶을 실천해야 한다.

'다른 사람들이 거짓말을 하더라도 우리는 거짓말을 하지 않을 것이다'라고 이와 같이 버리고 없애는 삶을 실천해야 한다.

'다른 사람들이 삿된 견해를 지니더라도 우리는 올바른 견해를 지닐 것이다'라고 이와 같이 버리고 없애는 삶을 실천해야 한다."

이렇듯 다른 이들이 타락하더라도 우리는 자신의 이익을 위해 계율을 지켜나가야 한다. 또 한 가지 더 언급할 것이 있는데 '계금취견(戒禁取見)'에 관해서이다. 이 말의 뜻은 계율과 의식에 집착하는 잘못된 견해를 의미한다. 이것을 잘못 이해하고 있는 이들이 많은 것 같다. 계율에 집착하지 말라고 해서 계율을 지키지 말라는 이야기가 아니다. 다음의 일화를 보자.

「개의 행실을 닦는 자에 대한 경 (M57)」을 보면 어떤 외도 수행자가 개처럼 먹고 벌거벗고 다니며 행동하고 다녔다. 이 수행자는 자신의 그러한 행위를 대단한 수행이라 생각하고 죽어 천상계에 날 것이라 생각했다.

이러한 수행의 이익에 대해 다른 수행자가 부처님께 여쭈었다. 부처님께서는 대답하지 않으시다가 세 번 거듭 물음에 다음과 같이 답하신다.

"뿐나여, 이 세상에서 어떤 사람이 완전히 철저하게 개의 행실을 닦고, 완전히 철저하게 개의 습관을 닦고, 완전히 철저하게 개의 마음을 닦고, 완전히 철저하게 개의 행동을 닦는다고 합시다. 그가 완전히 철저하게 개의 행실을 닦고, 완전히 철저하게 개의 습관을 닦고, 완전히 철저하게 개의 마음을 닦고, 완전히 철저하게 개의 행동을 닦으면, 몸이 파괴되고 죽은 뒤에 개들의 동료로 태어납니다. 그러나 만약에 '이러한 계행, 이러한 수행, 이러한 고행, 이러한 청정행으로 나는 신이 된다든가 다른 하늘사람으로 태어난다.'고 생각한다면, 그것은 잘못된 견해입니다. 이러한 잘못된 견해를 지닌 자에 대해서는 두 가지 운명, 즉 지옥이나 축생이 그를 기다린다고 나는 말합니다. 그러므로 뿐나여, 그의 개의 행실이 성공하면, 개들의 동료로 태어납니다. 그것이 실패하면, 그는 지옥에 떨어집니다."

이러한 것이 계에 집착하는 것이다. 잘못된 견해, 즉 위의 예에서 보듯이 개와 같이 살아가면 천상에 난다든지 등의 믿음으로 계율을 준수하거나, 계율 하나만 잘 지키면 열반에 이를 수 있다는 이러한 견해가 잘못 되었다는 것이다. 계금취견을 결코 계율을 지키지 말라는 의미로 이해해서는 안 된다.

선정을 닦아서 마음을 다스린다는 것은 선정의 마음이 일어날 때는 불선한 마음, 나쁜 마음, 즉 탐·진·치가 일어나지 않는다는 말이다. 그래서 선정의 마음이 불선한 마음을 제어하는 것이다. 그러나 이것은 완전한 제어는 되지 못한다. 탐·진·치와 같은 번뇌는 항시 잠재되어 언제 일어날지 모르고, 선정을 이룬 자도 선정에 들어 있을 때는 번뇌가 일어나지 않지만 선정에서 나오면 다시 번뇌가 일어나게 된다.

혜학이 모든 잠재된 번뇌의 뿌리를 뽑는다고 했다. 위빠사나 수행, 즉 지혜 통찰 수행을 하면 지혜가 계발되고 지혜가 정점에 달하면 깨달음이 일어난다. 깨달음을 얻는다는 것은 도의 마음이 일어난다는 것이다. 각각의 도의 마음(수다원도에서 아라한도까지)은 잠재되어 있는 각각의 번뇌를 뿌리 뽑는다. 아라한 성인은 모든 번뇌를 다 제거하여 어떠한 번뇌도 남아 있지 않고 일어나지도 않는다.

8. 불교 수행
−선정과 지혜계발

불교 수행에 대해 좀 더 고찰해 보기로 하자. 불교 수행은 계·정·혜를 잘 닦는 것이다. 계는 도덕적인 바른 실천을 말하고, 정은 선정 수행을 뜻하고, 혜는 지혜계발 수행 혹은 위빠사나 수행을 뜻한다.

실질적인 수행이라 할 수 있는 정과 혜는 원어로는 사마타와 위빠사나이다. 종종 선정과 지혜 수행 혹은 지·관 수행, 집중과 통찰 수행 등으로 나타난다.
「영지(靈知)의 일부 경 (A2:3:10)」에서 부처님께서는 다음과 같이 사마타와 위빠사나를 설법하신다.

"비구들이여, 두 가지 법은 영지(靈知)의 일부이다. 무엇이 둘인가?

사마타와 위빠사나이다.
비구들이여, 사마타를 닦으면 어떤 이로움을 경험하는가? 마음이 계발된다. 마음이 계발되면 어떤 이로움을 경험하는가? 욕망이 제거된다.

비구들이여, 위빠사나를 닦으면 어떤 이로움을 경험하는가? 통찰지가 계발된다. 통찰지가 계발되면 어떤 이로움을 경험하는가? 무명이 제거된다."

이렇듯 불교 수행은 사마타와 위빠사나로 나누어 볼 수가 있고, 두 수행은 여러 가지 면에서 차이점을 보인다.
선정 수행은 하나의 대상에 집중하여 선정을 얻는 것을 목표로 한다. 선정 수행의 대상은 〈표 4〉에 보듯이 총 40가지가 「청정도론」에 언급된다. 이들 40가지 수행 대상 중 자기의 기질을 고려하여 하나를 선택하여 선정 수행을 하면 된다.

선정 수행을 하려는 이는 명상센터나 한적한 곳을 찾거나 아니면 집안에 자기가 조용히 수행할 공간을 만드는 것이 좋다. 어떤 이들은 수행은 장소에 구애되지 않고 아무 곳에서나 잘 되어야 한다고 하나 처음에 그렇게 해서는 수행의 진전은 없다.

지혜 계발 수행은 몸과 마음을 통찰하여 위빠사나 지혜를 생기게 하고 열반을 실현한다. 지혜 계발 수행은 위빠사나 수행으로 알려져 있고 이러한 수행은 부처님의 가르침 안에서만 존재한다.

다른 종교들도 수행은 하지만 그들의 수행은 계를 받아 지니는 수준이거나 좀 더 나아가면 선정을 닦기도 하지만 지혜 계발 수행, 즉 위빠사나 수행에 대한 가르침은 없다. 오직 부처님 교단 안에서만 위빠사나 지혜 계발 수행은 알려진다.

〈표 6〉에서 선정수행과 지혜 수행을 비교하여 놓았다. 각각의 수행에 대해 바른 이해를 지니고 열심히 정진하여 부처님 법 안에서 이익을 얻기 바란다.

〈표 6〉 사마타와 위빠사나 수행 비교

수행 종류	사마타	위빠사나
명칭	지 (止), 정 (定), 선정 수행	관 (觀), 혜 (慧), 지혜 계발 수행
대상	대부분 개념 (빤냐띠)	실재하는 법 (빠라마타)
실제 수행	자신의 기질에 맞는 적절한 수행 주제의 선택 (청정도론에 총 40가지 수행 주제가 나옴)	사념처 – 신·수·심·법 (身·受·心·法) 즉 몸, 느낌, 마음, 법에 대해 알아차림을 확립하는것
대상 관찰	하나의 대상에 집중	현재 일어나는 법에 알아차림
선정의 성취	① 근접삼매 ② 본삼매	찰나삼매
번뇌의 제거	선정의 마음으로 장애를 억압하고 번뇌를 일시적으로 누름	도의 마음으로 번뇌를 뿌리 뽑음
수행 목표	삼매의 성취	도와 과의 마음 성취 열반의 실현
마음의 형태	욕계 마음을 벗어나 색계·무색계 마음이 일어나지만 윤회에서 자유롭지 못함	출세간의 마음으로 윤회에서 벗어나는 마음

9. 삼법인과 열반

위빠사나 수행은 지혜를 계발하는 수행이고, 지혜가 최대로 계발되었을 때 도의 마음, 즉 깨달음이 생긴다. 불교의 깨달음이란 이러한 도의 마음과 일체지를 얻는 것을 말한다.

도의 마음이란 말이 어렵게 들릴 수 있는데 불교에서 최초의 깨달음을 이룬 이를 수다원 성자라 한다. 이러한 수다원 성자가 범부로서 수행하여 깨달음을 얻을 때 그 순간의 마음을 도의 마음이라 한다. 도의 마음이 일어난 다음에 수다원 과의 마음이 일어난다.

수다원이 될 때는 수다원 도의 마음, 아라한 성자가 되면 아라한 도의 마음이 일어난다. 이러한 도의 마음을 얻은 이를 불교에서는 성인이라 부르고 이러한 성인들은 삼계에서 윤회하는 고리를 끊고서 해탈을 성취한다.

도와 과의 마음은 열반을 대상으로 하는데 그 열반을 향해 들어가는 문이 삼법인이다. 삼법인은 무상·고·무아의 법이다. 즉 어떤 수행자는 지혜를 계발하여 존재의 무상을 꿰뚫어서 열반을 실현하고, 어떤 이는 고를, 어떤 이는 무아를 꿰뚫어 열반을 실현한다.

믿음이 강한 자는 무상을 잘 알고, 집중력이 강한 자는 고를 잘 알며, 지혜가 강한 자는 무아를 꿰뚫는다고 한다. 하지만 일단 어느 하나를 꿰뚫어 해탈을 이루면 무상·고·무아의 진리를 다 꿰뚫게 된다.

무상·고·무아를 존재의 세 가지 특상이라고도 한다. 모든 존재들은 항상 하지 않고, 괴로움이며, 실체가 없기 때문이다. 여기서 존재란 실재하는 법을 말한다. 개념이 아니라는 말이다. 개념을 대상으로 관찰하면 무상·고·무아가 드러나지 않는다. 그래서 위빠사나 수행은 개념을 대상으로 하지 않고 실재하는 법을 대상으로 한다.

위빠사나 수행의 대상이 실재하는 법이지만 여기서 열반은 제

외된다. 열반은 범부들이 경험해 보지 못한 법이어서 수행의 대상이 되지 아니 한다. 깨달음을 얻을 때 도의 마음과 과의 마음이 열반을 대상으로 한다.

실재하는 법을 대상으로 관찰하면 무상·고·무아를 확실히 알고 보게 된다고 했다. 그러한 것이 불교적 깨달음이다. 불교의 깨달음이란 다른 것을 깨닫는 것이 아니고 조건 지어진 존재가 무상하고 고이며 무아인 것을 꿰뚫어 보는 것이다.

「법구경 게송 (277~279)」을 보자.

"'일체의 형성된 것은 무상하다' 라고 지혜로 본다면
괴로움에서 벗어나니 이것이 청정의 길이다.

'일체의 형성된 것은 괴롭다' 라고 지혜로 본다면
괴로움에서 벗어나니 이것이 청정의 길이다.

'모든 법은 실체가 없다' 라고 지혜로 본다면
괴로움에서 벗어나니 이것이 청정의 길이다.

이와 같이 무상·고·무아를 꿰뚫어 아는 것이 괴로움에서 벗어나는 길이라고 부처님께서는 말씀하신다.

10. 개념과 실재

존재의 세 가지 특상이 무상·고·무아라고 했다. 이것이 삼법인이다. 그렇다면 이것은 어떻게 해서 알아지는가? 실재하는 법에 대해서 잘 관찰해야만 알 수 있는 것이다. 실재하는 법은 무엇을 말하는가? 정신·물질을 말한다. 일단 실재하는 법이 정신·물질을 나타낸다고 알고 좀 더 알아보자.

실재하는 법은 개념에 상대되는 말이다. 개념은 무엇일까? 쉽게 말하면 우리가 쓰는 표현, 말이다. 그런 것들은 개념에 속한다. 우리 자신을 지칭하는 말에는 여러 가지가 있다. 사람, 인간, 남자, 여자, 영혼, 자아, 주인공, 엄마, 아빠, 선생님, 학생 등등 헤아릴 수 없는 많은 말들이 존재한다. 이러한 모든 것들이 개념이다.

이 모든 것이 개념이라면 실재하는 법은 도대체 무엇을 말하는가? 실재하는 법(빠라마타)은 고유 성질을 지니며, 수승하고, 틀리지 않으며, 옳은 성품이며, 지혜의 눈으로 직접 보아 알 수 있는 것이다. 다시 말해 사람, 남자, 여자, 주인공 이러한 개념들은 실재하는 것도 아니고 찾으려 해도 찾을 수도 없고, 단지 우리의 마음속에 일어나는 것들이다.

개념과 실재에 대한 이해는 불교 전반을 이해하고 특히 불교 수행을 이해하는데 매우 중요하다. 하지만 이 둘의 구분이 불자들에게 어려울 수 있다. 개념과 실재하는 법에 대한 비교를 도표로 만들었으니 〈표 7〉을 참조하기 바란다.

개념과 실재하는 법에 대한 이해는 중요하기 때문에 다시 반복해서 설명을 하겠다. 개념과 실재에 대해 우선 쉽게 접근하기 위해서 다음과 같이 살펴보자. 우리가 쓰는 말은 개념이라고 했다. 예를 들어 인간, 자아, 영혼, 남자, 여자 등의 말은 개념이다.

그러면 실재하는 법은 무엇을 말하는가? 정신·물질, 오온, 12처, 18계, 이러한 것들이 실재하는 법을 지칭하는 것이다. 이와 같이 우리를 사람이다, 영혼이다, 남자다, 여자다고 보는 것은 개념적으로 보는 것이고, 정신·물질의 조합이다, 오온의 무더기가 모인 것이다, 12처, 18계로 법들이 일어난다고 이렇게 나누어 관찰하는 것이 실재하는 법으로서 보는 것이다.

〈표 7〉 개념과 실재

조건 지워진 법 (saṅkhata-dhammā) (여러 조건들에 의해 생겨난 법들)				조건 지워지지 않은 법 (asaṅkhata-dhamma)
개념		실재법		
속제 (俗諦) (Sammuti) - 실재하지 않고 마음속에 드러나는 것		승의제 (勝義諦) (Paramattha, 궁극적 실재) - 고유한 성질을 가지며, 수승하고 틀리지 않고, 지혜로 직접 알 수 있는 것		
이름으로써의 개념 (nāma-Paññatti) - 여러 사람이 부르고 말하는 것 (이름, 명칭)	뜻으로써의 개념 (attha Paññatti) - 명칭에 의해 알게 되는 것 (~것, 사람, 존재)	정신 nāma	물질 rūpa	열반 Nibbāna
		마음 (89/121) 마음부수 (52)	물질 (28)	(1)
사용례 1		사용례 2		
영혼이 있다, 사람이 간다, 왕이 온다, 팔을 든다 등등		단단하거나 부드러운 땅의 성품이 있다, 대상을 아는 식이 있다, 의도가 있다 등등		
사마타 수행의 대상		위빠사나 수행의 대상		도와 과의 마음의 대상
삼법인의 특상을 지니지 아니함		무상·고·무아의 특상 지님		무아의 특상 지님

쌍윳따 니까야 「와지라 경 (S5:10)」에서 와지라 비구니와 마라와의 문답을 보면 무엇이 실재하는 법이고 어떻게 개념이 생성되는지 잘 이해할 수 있다.

(마라)
"누가 중생을 창조하였는가?
중생을 창조한 자는 어디에 있는가?
중생은 어디에서 생겼는가?
중생은 어디에서 소멸하는가?"

(와지라 비구니)
"왜 그대는 '중생'이라고 상상하는가?
마라여, 그대는 사견에 빠졌는가?
단지 형성된 것들의 무더기일 뿐
여기서 중생이라고 할 만한 것을 찾을 수 없도다.

마치 부품들을 조립한 것이 있을 때
'마차'라는 명칭이 있는 것처럼
무더기들이 있을 때 '중생'이라는
인습적 표현이 있을 뿐이로다.
단지 괴로움이 생겨나고
단지 괴로움이 머물고 없어질 뿐이니

괴로움 외에 어떤 것도 생겨나지 않고
괴로움 외에 어떤 것도 소멸하지 않도다."

이렇듯 '나'라고 불리는 이것은 단지 정신 무더기와 물질 무더기의 조합일 뿐이다. 정신과 물질이 조합되어 조건적으로 일어났다가 사라질 뿐인데 우리들은 '사람이다, 영혼이다, 남자다, 여자다'라고 생각한다.

우리 자신을 살펴보면 실제로 정신과 물질로 이루어졌다는 것이다. 단지 정신적 현상과 물질적 현상만이 있다. 그것을 떠나 다른 어떤 것도 존재하지 않는다. 그러면 왜 이 실재하는 법을 자꾸 이야기 하는가? 이 실재하는 법을 대상으로 관찰해야만 존재의 특상인 무상·고·무아의 삼법인이 드러나기 때문이다.

삼법인을 꿰뚫어야 불교적 깨달음이 있다. 그래서 부처님의 법을 실현하려는 이는 실재하는 법인 정신 물질(Mental and Physical Phenomena)을 거듭 거듭 관찰하여야 한다. 단지 '정신이 있고 물질이 있다'라고 알아야 한다. '사람이 있다, 내가 있다, 중생이 있다'라는 식으로 알아서는 안 된다는 말이다.

실재하는 법을 관찰해야 삼법인이 드러난다고 했다. 부처님께서는 많은 경전에서 제자들에게 삼법인을 깨우쳐 주기 위하여 다음과 같은 법문을 하신다.

"수행승들이여, 그대들은 어떻게 생각하는가? 물질은 영원한가, 무상한가?"
"세존이시여, 무상합니다."
"그렇다면 무상한 것은 괴로운 것인가, 즐거운 것인가?"
"세존이시여, 괴로운 것입니다."
"그렇다면 무상하고 괴롭고 변화할 수밖에 없는 것에 대해 '이것은 내 것이고 이것이야말로 나이며 이것은 나의 자아이다'라고 관찰하는 것은 옳은 것인가?"
"세존이시여, 옳지 않습니다."

이와 같은 법문은 물질에만 적용되지 않고 다시 느낌, 지각, 형성, 의식의 오온 모두에 적용된다. 「보름날 밤의 큰 경 (M109)」에서 다음과 같이 법문이 계속 된다.

"수행승들이여, 그러므로 물질이라고 하는 것(수·상·행·식도 마찬가지)은 무엇이든 과거에 속하거나 미래에 속하거나 현재에 속하거나, 안에 있거나 밖에 있거나, 거칠거나 미세하거나, 천하거나 귀하거나, 멀거나 가깝거나, 그 모든 물질은 '이것은 내 것이 아니고 이것이야말로 내가 아니며 이것은 나의 자아가 아니다'라고 이와 같이 있는 그대로 올바른 지혜로써 관찰해야 한다."

"수행승들이여, 이와 같이 관찰하면서 많이 배운 거룩한 제자는 물질(色)도 싫어하여 떠나고, 느낌(受)도 싫어하여 떠나고, 지각(想)도 싫어하여 떠나고, 형성(行)도 싫어하여 떠나고, 의식(識)도 싫어하여 떠난다. 싫어하여 떠남으로써 평온해지고 평온해짐으로써 해탈한다. 해탈하면 그에게 '나는 해탈했다'는 앎이 생겨난다. 그는 '태어남은 부수어지고 청정한 삶은 이루어졌다. 해야 할 일은 다 마치고 더 이상 윤회하는 일이 없다'라고 분명히 안다."

실재하는 법이 정신·물질, 오온, 12처, 18계로 경전에서 주로 설법된다. 아비담마에서는 법을 다음의 〈표 8〉과 같이 분류하고 이 82가지 법이 전부라고 한다. 경전에서 말하는 법의 구분이나 아비담마에서의 구분이 다르지 않다. 단지 상세하고 좀 더 체계적으로 설하셨다고 이해하면 될 것이다.

〈표 8〉 법 (실재하는 법, 빠라맛타 법)

번호	아비담마에서 법의 분류
1	마음 (대상을 아는 것) 1개 (89/121)

2	마음 부수 52개 (마음을 의지하여 일어나는 정신의 법)
	
	가) 불선도 될 수 있고 선도 될 수 있는 마음 부수들 - 13개
	    a) 반드시들
	       1. 접촉 2. 느낌 3. 인식 4. 의도 5. 집중
	       6. 생명기능 7. 마음에 잡도리함
	
	    b) 때때로들
	       8. 일으킨 생각 9. 지속적인 고찰 10. 결심 11. 정진
	       12. 희열 13. 열의
	
	나) 불선한 (해로운) 마음부수들 - 14개
	    a) 불선 반드시들
	       14. 어리석음 15. 양심 없음 16. 수치심 없음 17. 들뜸
	
	    b) 때때로들
	       18. 탐욕 19. 사견 20. 자만 21. 성냄 22. 질투
	       23. 인색 24. 후회 25. 해태 26. 혼침 27. 의심
	
	다) 선한 (아름다운) 마음부수들 - 25개
	    a) 반드시들
	       28. 믿음 29. 새김 30. 양심 31. 수치심
	       32. 탐욕 없음 33. 성냄 없음 34. 중립
	       35, 36. 몸, 마음의 경안
	       37, 38. 몸, 마음의 가벼움
	       39, 40. 몸, 마음의 부드러움
	       41, 42. 몸, 마음의 적합함
	       43, 44. 몸, 마음의 능숙함
	       45, 46. 몸, 마음의 올곧음

번호	아비담마에서 법의 분류

2	b) 절제
	   47. 바른 말 48. 바른 행위 49. 바른 생계
	
	c) 무량
	   50. 연민 51. 같이 기뻐함
	
	d) 52. 지혜 (통찰지, 미혹하지 않음)

3	물질 (정신의 법과는 달리 대상을 알지 못한다) – 28개
	
	가) 근본 물질
	   1. 땅의 요소 2. 물의 요소 3. 불의 요소 4. 바람의 요소
	
	나) 파생된 물질 = (1~18까지 구체적 물질)
	   5. 눈의 감성 6. 귀의 감성 7. 코의 감성 8. 혀의 감성
	   9. 몸의 감성 10. 색 11. 소리 12. 냄새 13. 맛 14.여성
	   15. 남성 16. 심장토대 17. 생명기능 18. 영양소
	
	다) 추상적인 물질
	   19. 허공 20. 몸의 암시 21. 말의 암시 22. 물질의 가벼움
	   23. 물질의 부드러움 24. 물질의 적합함 25. 생성
	   26. 상속 27. 쇠퇴 28. 무상함

4	열반 (조건 지워지지 않은 법으로 고요함(寂靜)을 특징으로 함) – 1개

11. 실재하는 법은 어떻게 가르치셨나

실재하는 법은 부처님께서 정신·물질로 가르치기도 하지만 이것을 더 나누어서 오온으로도 가르치신다. 물질은 색이고, 정신은 수·상·행·식이 된다. 느낌(受), 인식(想), 정신적 작용(行), 마음(識)은 정신의 무더기이고, 색(色)은 곧 물질이다. 그러므로 오온은 정신·물질을 좀 더 자세히 설명한 것이다.

물질을 더 나누면 아비담마에서는 28가지로 구분하는데, 근본되는 물질에는 지·수·화·풍(地·水·火·風)이 있다. 오온과 정신·물질을 간략히 연결시키면 지·수·화·풍이라는 물질의 모임과 수·상·행·식이라는 정신 모임의 조합이다. 그러한 정신·물질에 대해 '자아다, 영혼이다, 남자다, 여자다'라고 생각하는 것은 다 개념일 뿐이다.

정신·물질은 오온으로 나타나고 경전 상에서 부처님께서는 12처, 18계로도 법을 설하신다. 12처의 법문은 안·이·비·설·신·의라는 6가지 안의 감각 장소와 색·성·향·미·촉·법이라는 밖의 감각 장소를 나타낸다. 12처가 일체라는 「일체 경(S35:23)」의 부처님 말씀을 보자.

"비구들이여, 그러면 무엇이 일체인가? 눈과 형색, 귀와 소리, 코와 냄새, 혀와 맛, 몸과 감촉, 마노(意)와 대상인 법(法), 이를 일러 일체라 한다."

18계의 가르침은 12처의 의계를 좀 더 자세히 설명한 것이다. 우리의 의식이 어떻게 일어나는지 18계의 설명을 부처님 경전에서 살펴보자. 「육처 쌍윳따 (S35)」의 많은 경에서 부처님께서는 다음과 같이 설하신다.

"비구들이여, 눈은… 귀는… 코는… 혀는… 몸은… 마노는… 무상하다. 무상한 것은 괴로움이요, 괴로움인 것은 무아다."

"비구들이여, 쌍을 반연하여 알음알이가 발생한다. 비구들이여, 그러면 어떻게 쌍을 반연하여 알음알이가 발생하는가?"

"눈과 형색을 조건으로 눈의 알음알이가 일어난다.
귀와 소리를 조건으로 귀의 알음알이가 일어난다.
코와 냄새를 조건으로 코의 알음알이가 일어난다.
혀와 맛을 조건으로 혀의 알음알이가 일어난다.
몸과 접촉을 조건으로 몸의 알음알이가 일어난다.
마노와 법을 조건으로 마노의 알음알이가 일어난다."

12처, 18계는 경전에서 '일체'라 하기도 하고 '세상'이라 하기도 한다. 이러한 12처, 18계 역시 정신·물질을 나타내며 〈표 8〉에 나타나는 아비담마의 모든 법과도 일치한다.

이러한 12처, 18계의 가르침은 생명, 영혼, 남자, 여자 등의 관념적인 명칭을 제거하기 위해 가르치셨다. 그러므로 수행자는 단지 '그러한 법이 일어났구나'라고 알면 된다.

이 말의 의미는 눈으로 어떤 대상을 볼 때 '내가 나의 눈으로 지나가는 사람을 보고 있구나' 등으로 생각하지 말고 '눈이라는 감성 물질이 형색이라는 대상과 접촉하여 안식이 일어난다'고 알아야 한다는 말이다. 실재하는 법을 나타내는 오온, 12처, 18계와 아비담마의 실재법과의 관계를 이 장 마지막에 정리한 〈표 9〉를 참조하기 바란다. 이러한 법 체계는 상호연관성을 지니며 실재법에 대한 다양한 시각을 제공해 준다.

〈표 8〉에서 본 바와 같이 아미담마에서는 법을 좀 더 상세하게 구분한다. 먼저 법을 마음, 마음부수, 물질, 열반으로 나누고 열반은 조건 지워지지 않은 법으로 무위법이라 하고 다른 세 가지 마음, 마음부수, 물질은 조건 지워진 법으로 유위법이라 한다. 유위법 전체는 정신·물질을 벗어나지 아니 한다. 마음과 마음부수는 정신의 무더기이고 물질 28가지는 물질의 무더기에 속한다. 무위법인 열반도 분류하면 정신의 법에 속한다.

그러면 부처님은 중생이라고 불리는 이 자체를 왜 정신·물질로, 오온으로, 12처, 18계로 설명하셨을까? 유신견(有身見)을 없애기 위함이다. 유신견은 정신·물질로 이루어진 이것에 대해 '나다, 자아가 있다' 등으로 인식하는 잘못된 생각이다. 이러한 견해를 유지하면 불교적 깨달음을 이룰 수 없다. 유신견을 어떻게 해야 할지 「칼의 경 (S1:21)」에서 부처님의 말씀을 들어보자.

"칼날이 몸에 와 닿는 것처럼
머리카락에 불이 붙은 것처럼
불변하는 자신이 존재한다는 견해(有身見)를 버리기 위해
수행승은 새김을 확립하고 유행해야 하리."

경전에서는 중생들에게 유신견을 제거하고 개념을 넘어서 법을 알게 하기 위해 부처님은 여러 가지로 법을 설하신다. 그것은

듣는 사람이 어떤 사람은 정신·물질로 얘기하면 잘 이해를 하고, 어떤 이는 오온으로, 어떤 이는 12처, 18계로 법을 설했을 때 잘 이해를 하기 때문에 여러 가지로 나누어 설하셨다. 하지만 이 모든 가르침이 서로 다른 것이 아니다.

위에서 살핀 가르침은 중생에게 잘못된 견해를 제거하기 위해 부처님께서 설하신 것이다. 부처님께서 정신·물질, 오온, 12처, 18계 등으로 설하신 것은 단지 그러한 법이 일어나서 사라짐을 알려주려고 하신 것이다. 즉 '이 몸은 중생이나 영혼, 자아 등이 존재하는 것이 아니고 단지 정신·물질이 일어나며, 단지 오온이 일어나고, 단지 12처, 18계의 법들이 일어나서는 사라져 간다' 라고 그렇게 불자들에게 가르치신다. 너무나 명백하고 쉬운 가르침이다.

단지 그러한 법들이 일어나서는 사라지는 것 뿐이다. 그런데 중생들은 '내가 있고, 자아가 있고, 내가 보고, 내가 듣고, 내가 생각한다' 등등의 유신견(정신·물질로 이루어진 이것에 대해 '내가 있다 자아가 있다' 라고 잘못 생각하는 것)을 가지고 바라본다.

이러한 유신견은 번뇌가 일어나는 기초로 작용하고 이것을 버리지 아니하면 불교적 깨달음도 없다. 불교 수행을 하는 이는 몸과 마음에 대해 '나' 혹은 '자아'라고 여겨서는 안 된다. 마음에 대해 자아라 여기는 불자들이 많은 것 같은데 마음은 몸이라는 물질보다 더 빨리 생멸하여 무상한 것이다. 「배움이 없는 자의 경 (S12:61)」에서 부처님께서는 다음과 같이 말씀하신다.

"수행승들이여, 배우지 못한 일반사람은 이 마음이나 정신 내지 의식이라고 하는 것에서는 싫어하여 떠날 수 없고, 그것이 사라지지 않기 때문에, 해탈할 수 없다.
왜냐하면 수행승들이여, 배우지 못한 일반사람은 이것을 오랜 세월 동안 '이것은 나의 것이고, 이것은 나이고, 이것은 나의 자아이다.'라고 애착하고 탐착하고 집착해왔다. 그러므로 수행승들이여, 배우지 못한 일반사람은 그것에서 싫어하여 떠날 수 없고, 그것이 사라지지 않기 때문에, 해탈할 수 없다."

그리하여 불자들은 자신이 생각할 때 단지 정신의 법이 생겨났다고 알고, 볼 때도 내가 보는 것이 아니고 눈이 있고 대상이 있어서 안식이라는 법이 생겨난다고 알아야 한다. '나'라고 불리는 이 무더기에 대해 '그냥 정신·물질'이라고 알아야 한다. 여기서 중요한 것은 '그냥'이라는 말이다. '나의 마음이다, 나의 몸이다'라고 관찰하지 말고 '그냥 정신·물질이 있다'고 보라는 말이다.

이렇듯 많은 경전에서 어떻게 법이 일어나고 사라지는지를 설하고 계신다.

그런데 중생들은 부질없이 망상을 피운다. 즉 다음과 같이 '내가 본다, 나의 자아가 본다, 나의 주인공이 본다'라고 인식한다. 이 모든 것이 개념이고 사견에 지나지 않는다.

유신견도 잘못된 견해이고, 이러한 삿된 견해는 62가지로 「범망경 (D1)」에서 부처님께서 설하신다. 사견은 불교적 깨달음을 막는다. 유신견과 사견의 관계를 「이시닷따 경2 (S41:3)」에서 이시닷따 스님의 법문을 들어보자. 이 법문은 「보름날 밤의 큰 경 (M109)」에서 부처님 법문과 일치한다.

"장자여, 이 세상에는 '세상은 영원하다' 라거나, '세상은 영원하지 않다' 라거나, '세상은 유한하다' 라거나, '세상은 무한하다' 라거나, '생명과 몸은 같은 것이다' 라거나, '생명과 몸은 다른 것이다' 라거나, '여래는 사후에도 존재한다' 라거나, '여래는 사후에 존재하지 않는다' 라거나, '여래는 사후에 존재하기도 하고 존재하지 않기도 한다' 라거나, '여래는 사후에 존재하는 것도 아니고 존재하지 않는 것도 아니다' 라는 여러 가지 견해들이 생깁니다.

장자여, 이러한 견해들과 범망경에서 말씀하신 62가지 사견들은 불변하는 자신이 존재한다는 견해(유신견)가 있을 때 존재하고 불변하는 자신이 존재한다는 견해가 없으면 존재하지 않습니다."

"존자시여, 그러면 불변하는 자신이 존재한다는 견해는 어떻게 해서 존재합니까?"

"장자여, 여기 배우지 못한 범부는 성자들을 친견하지 못하고 성스러운 법에 능숙하지 못하고 성스러운 법에 인도되지 못하고 참된 사람들을 친견하지 못하고 참된 사람의 법에 능숙하지 못하여 물질을 자아라고 관찰하고, 물질을 가진 것이 자아라고 관찰하고, 물질이 자아 안에 있다고 관찰하고, 물질 안에 자아가 있다고 관찰합니다. 그는 느낌을… 인식을… 심리현상들을… 알음알이를 자아라고 관찰하고, 알음알이를 가진 것이 자아라고 관찰하고, 알음알이가 자아 안에 있다고 관찰하고, 알음알이 안에 자아가 있다고 관찰합니다. 장자여 이렇게 해서 유신견이 존재합니다."

〈표 9〉 구경법들과 5온 (蘊)·12처 (處)·18계 (界)

궁극적 실재	오온	12처		18계	
물질 (28)	색온 (色蘊)	안처	거친 물질 (12)	안계	거친 물질 (12)
		이처		이계	
		비처		비계	
		설처		설계	
		신처		신계	
		색처		색계	
		성처		성계	
		향처		향계	
		미처		미계	
		촉처 (지, 화, 풍의 3물질)		촉계 (지, 화, 풍의 3물질)	
마음 부수(52)	수온 (受蘊)	마노의 대상 (法界)	미세한 물질 (16) 마음부수(52)	마노의 대상 (法界)	미세한 물질 (16) 마음부수(52)
	상온 (想蘊)				
	행온 (行蘊)				
열반	없음				
마음 (1) (89/121)	식온 (識蘊)	마노의 감각장소 (意處)		안식계	
				이식계	
				비식계	
				설식계	
				신식계	
				의계	
				의식계	

12. 법의 생멸 법칙
－12연기

　　　　　　　　이제껏 정신·물질에 대해 알아보았다. 그러면 정신·물질은 어떻게 존재하는가? 아무렇게 일어났다가 사라지는가? 정신·물질은 어떤 조건이 있어서 생겼다가 사라진다. 그 조건은 부처님께서 24가지를 말씀하셨고, 존재의 윤회에 관해 설명하시면서 12연기를 설하셨다.

　24가지 조건법은 아비담마의 마지막 논서인 「빳타나(Paṭṭhāna)」에서 잘 나타나 있지만 그 내용이 방대하고 어려워 불교 기본적 이해를 도모하는 이 책에서는 다루지 않겠다.

　24가지 조건들은 다음의 〈표 10〉을 참고하기 바란다. 관심 있는 분들은 「아비담맛타 상가하」나 「청정도론」의 조건을 다루는 부분을 학습하기를 권한다.

⟨표 10⟩ 24가지 조건들

	24가지 조건들 상호의존의 방법
①	원인의 조건 (hetu paccaya, 因緣)
②	대상의 조건 (ārammaṇa paccaya, 所緣緣)
③	지배의 조건 (adhipati paccaya, 增上緣)
④	틈 없이 뒤따르는 조건 (anantara paccaya, 無間緣)
⑤	더욱 틈 없이 뒤따르는 조건 (samanantara paccaya, 等無間緣)
⑥	함께 생긴 조건 (sahajāta paccaya, 俱生緣)
⑦	서로 지탱하는 조건 (aññamañña paccaya, 相互緣)
⑧	의지하는 조건 (nissaya paccaya, 依止緣)
⑨	강하게 의지하는 조건 (upanissaya paccaya, 親依止緣)
⑩	먼저 생긴 조건 (purejāta paccaya, 前生緣)
⑪	뒤에 생긴 조건 (pacchājāta paccaya, 後生緣)
⑫	반복하는 조건 (āsevana paccaya, 數數修習緣)
⑬	업의 조건 (kamma paccaya, 業緣)
⑭	과보의 조건 (vipāka paccaya, 異熟緣)
⑮	음식의 조건 (āhāra paccaya, 食緣)
⑯	기능 (根)의 조건 (indriya paccaya, 根緣)
⑰	선 (禪)의 조건 (jhāna paccaya, 禪緣)
⑱	도의 조건 (magga paccaya, 道緣)
⑲	서로 관련된 조건 (sampayutta paccaya, 相應緣)
⑳	서로 관련되지 않은 조건 (vippayutta paccaya, 不相應緣)
㉑	존재하는 조건 (atthi paccaya, 有緣)
㉒	존재하지 않은 조건 (natthi paccaya, 非有緣)
㉓	떠나가버린 조건 (vigata paccaya, 離去緣)
㉔	떠나가버리지 않은 조건 (avigata paccaya, 不離去緣)

여기에서는 12연기에 대하여 간략히 정리해 보고자 한다. 12연기의 설명도 모든 것을 다룬다면 내용이 너무 방대해진다. 시중에 12연기를 자세히 다루고 있는 책들이 많이 있으니 그것을 참고하기 바란다. 여기서는 과거·현재·미래의 삼세 윤회의 관점에서 간략히 살펴보기로 한다.

12연기의 각지는 다음과 같다.
① 무명(無明) ② 행(行) ③ 식(識) ④ 명색(名色)
⑤ 육입(六入) ⑥ 촉(觸) ⑦ 수(受) ⑧ 애(愛) ⑨ 취(取)
⑩ 유(有) ⑪ 생(生) ⑫ 노사(老死) 이다.
이러한 12연기의 각지에 대해 우선 아래와 같이 알아 두면 쉬울 것이다.

① 무명 – 과거생의 어리석음으로 인하여서
② 행 – 과거 생에 많은 행(업)을 지어서
··
③ 식 – 이번 생에 태어나는 최초 의식(재생연결식)을 받았네.
④ 명색 – 최초 의식 일어날 때 몇몇 다른 물질과 정신적 요소들이 일어나고
⑤ 육입 – 정신·물질로 인해 안·이·비·설·신·의인 여섯 감각장소가 일어나네.
⑥ 촉 – 안·이·비·설·신·의 이러한 여섯 감각장소가 대

　　　　상을 만나 부딪침이 있고
　⑦ 수 – 접촉으로 느낌이 일어나고
　　　…………………………………………
　⑧ 애 – 느낌을 조건으로 해서 애착이 생겨나서
　⑨ 취 – 애착이 강해지면 취착이 되네.
　⑩ 유 – 취착을 조건으로 많은 업(有)이 일어나고
　　　…………………………………………
　⑪ 생 – 업은 다음 생에 태어남을 있게 하고
　⑫ 노·사 – 태어남을 조건으로 또 다시 늙음과 죽음이 있게
　　　　　　 된다.

　위에서 말한 것이 십이연기의 내용 전부는 아니다. 그러나 전부를 설명하면 어려워져서 불자들의 이해를 돕기 위해 간단히 요약해서 적은 것이다. 12연기에서 불자들이 어려워하는 부분을 몇 가지 설명하려 한다.

　첫 번째로 12연기의 2번째 각지 행(行)과 10번째 각지 유(有)에 대한 해석이다. 이 둘은 업을 나타내는 다른 이름이며 의미는 같다.

　그리고 삼세 윤회 과정을 설명할 때 십이연기의 3번째 식은 재생연결식이다. 재생연결식은 만약 사람으로 태어난다면 모태에

드는 그 순간 최초로 생기는 의식, 즉 재생을 있게 하는 의식이다. 일반적으로 말하는 생각이 아니다.

그리고 식 다음에 오는 명색은 정신 물질을 나타내다. 이 정신·물질이 식 다음에 있다고 해서 시간적으로 식이 먼저 생기고 정신·물질이 뒤따른다고 생각하지 않아야 한다. 둘은 시간적으로는 같다. 생을 처음 받는 재생연결식이라는 것이 생길 때 그 순간 같이 생기는 다른 정신적 요소와 물질을 나타낸다.

불교의 24가지 조건은 시간적 전후와 관계없이 동시에 발생하는 법에서도 조건 관계가 성립한다. 24가지 조건을 나타내는 〈표 10〉을 보면 함께 생긴 조건이라는 것이 있다. 함께 생기는 것 또한 조건의 하나임을 잊지 말아야 한다.

시간적 선·후 관계를 얘기할 때 또 하나 알아야 할 것은 이러한 12연기 전체가 시간적 선·후 관계와 일치 한다는 말은 아니다. 즉 12연기에서 무명이 처음 나온다고 해서 '무명이 처음이구나!' 라고 생각해서는 안 된다. 무명 이전에 아무 것도 없고 무명이 처음 시작이라고 보면 안 된다는 말이다.

연기라는 말 자체가 서로 많은 조건들이 있어서 어떤 법이 생겨나는 것을 나타내기 때문이다. 모든 세간법은 조건 지워지기 때문에 무명 또한 조건 지워진다. 무명은 무엇을 조건으로 하는가? 「무명경 (A10:61)」에서 부처님은 다음과 같이 설하신다.

"비구들이여, '이 이전에는 무명이 없었고, 이 이후에 생겼다.'라는 무명의 시작점은 꿰뚫어 알아지지 않는다고 말해진다. 그러나 '조건이 있기 때문에 무명은 있다.'라고 꿰뚫어 알아진다.

비구들이여, 무명도 자양분(조건)을 갖고 있다고 나는 말하지, 자양분을 갖고 있지 않다고 말하지 않는다. 그러면 무엇이 무명의 자양분인가? 다섯 가지 장애가 그 대답이다."

위의 경에서 보듯이 무명도 조건 지워 지는데 그것은 다섯 가지 장애로 나오는 번뇌에 의해서이다. 「올바른 견해의 경 (M9)」에서도 부처님께서는 다시 한 번 같은 가르침을 주신다.

"번뇌가 생겨나므로 무명이 생겨나고 번뇌가 소멸하므로 무명이 소멸합니다.

무명이 생겨나므로 번뇌가 생겨나고 무명이 소멸하므로 번뇌가 소멸합니다."

위와 같이 무명이 최초 원인은 아니지만 연기의 법문을 설하기 위해 무명을 앞에 두어 법을 설하신 것 뿐이다. 이러한 기본적 내용을 숙지하고「아비담맛타 상가하」의 12연기 설명 부분을 읽어 보면 전체 12연기의 구조가 이해되리라 본다.

업 혹은 12연기에서 행과 유가 어떻게 재생을 일으키는지「의도 경 (A3:77)」의 부처님 말씀을 들어보자.

"세존이시여, '존재, 존재'라고 말합니다. 세존이시여, 도대체 어떻게 존재가 있게 됩니까?"

"아난다여, 욕계의 과보를 가져오는 업이 존재하지 않는다면 욕계의 존재를 천명할 수 있는가?"

"그렇지 않습니다, 세존이시여."

"아난다여, 이처럼 업은 들판이고 알음알이는 씨앗이고 갈애는 수분이다. 중생들은 무명의 장애로 덮이고 갈애의 족쇄에 계박되어 저열한 욕계에 의도를 확립하고 소망을 확립한다. 이와 같이 내생에 다시 존재하게 된다. 이런 것이 존재다."

12연기의 구조는 윤회의 일어남을 나타낸다. 무명으로 인해 업을 지어 계속적으로 존재를 낳는다. 부처님은 「철저한 검증 경」에서 윤회의 일어남과 벗어남을 다음과 같이 설하고 계신다.

"비구들이여, 무명에 빠진 사람이 만일 공덕이 되는 의도적 행위를 지으면 공덕이 되는 알음알이가 있게 되고, 만일 공덕이 되지 않는 의도적 행위를 지으면 공덕이 되지 않는 알음알이가 있게 되고, 만일 흔들림 없는 의도적 행위를 지으면 흔들림 없는 알음알이가 있게 된다."

"비구들이여, 그러나 비구가 무명을 제거하여 명지가 생기면 그에서서 무명은 빛바래고 명지가 생기기 때문에 그는 공덕이 되는 의도적 행위도 짓지 않고 공덕이 되지 않는 의도적 행위도 짓지 않고 흔들림 없는 의도적 행위도 짓지 않는다."

"의도적 행위를 짓지 않고 의도하지 않기 때문에 그는 세상에 대해서 어떤 것도 취착하지 않는다. 취착하지 않으면 갈증 내지 않는다. 갈증 내지 않으면 스스로 완전히 열반에 든다. 그는 '태어남은 다했다. 청정범행은 성취되었다. 할 일을 다 해 마쳤다. 다시는 어떤 존재로도 돌아오지 않을 것이다'라고 꿰뚫어 안다."

13. 업과 창조신

업은 우리 자신의 행위를 말하고, 행위가 있기 전에 의도가 일어나기 때문에 업은 의도라고 말한다. 「꿰뚫음 경 (A6:63)」에서 부처님께서는 다음과 같이 말씀하신다.

> "비구들이여, 의도가 업이라고 나는 말하노니 의도한 뒤 몸과 말과 마음으로 업을 짓는다."

이와 같은 업은 다른 이가 짓는 것이 아니고 자신이 짓는다. 그 결과도 자신이 받는다.

「작은 분석의 경 (M135)」에서 부처님께서는 업에 대하여 이렇게 말씀하신다.

"바라문 청년이여, 뭇 삶들은 자신의 업을 소유하는 자이고, 그 업을 상속하는 자이며, 그 업을 모태로 하는 자이며, 그 업을 친지로 하는 자이며, 그 업을 의지처로 하는 자입니다. 업이 뭇 삶들을 차별하고 천하고 귀한 상태가 생겨납니다."

우리는 업을 짓고 업에 따른 결과도 받는다. 불교에서는 우리 자신의 행위에 대한 판단자는 따로 존재하지 않는다. 어떤 신이 존재해서 우리 행위를 다시 평가하지 않는다는 말이다.

행위가 이루어지면 즉각적으로 업이 되어 평가되고 다음에 조건이 이루어지면 결과가 생긴다. 우리가 지은 선업은 그 누구도 빼앗아 갈 수 없고 우리가 지은 악업은 그 누구도 없애 줄 수도 없다. 업은 자연법칙이고 누가 만든 것도 아니며 그 자체가 법이고 질서이다.

「법구경 게송 (126, 127)」의 부처님 말씀을 보자.

"어떤 자들은 모태에 태어나고
악을 저지른 자들은 지옥에 나고
선행자는 천상계로 가고
번뇌를 여읜 님들은 열반에 든다.

악업을 피할 수 있는 곳은
공중에도 바다 한 가운데도 없고
산의 협곡에 들어가도 없으니,
이 세상 어느 곳에도 없다."

업을 받아들이지 않는 다른 종교에서는 많은 악업을 짓고도 어떤 대상에 대해 '당신을 믿습니다' 하고 '나의 죄를 사해 주십시오' 하면 그 존재가 그의 악한 행위를 제거해 준다고 한다. 그것을 진리라 받아들일 수 있을까?

또 많은 선업을 지었는데 어떤 존재를 믿지 않으면 그 많은 선업은 필요 없고 나쁜 곳으로 간다면 그것 또한 이치에 맞다고 할 수 있겠는가? 그런 가르침을 펴는 존재가 있다면 그런 존재는 비상식적이고 비정상적이고 독단적이다.

불교에서는 그런 인격적 존재를 부정하고 어떤 질서 혹은 법칙을 얘기 하는데 그것이 바로 업이다. 우리는 업의 결과를 받는데 그 업은 이전에 자신의 행위에서 비롯되므로 결국 자신이 짓고 자신이 받는다. 여기에 제 삼자의 개입은 없다.

부처님이 위대한 것은 우리의 죄업을 없애 주기 때문에 위대한 게 아니다. 우리의 행위는 어떤 결과를 낳으니 행위를 할 때에

주의를 기울여서 선한 행위, 즉 선업을 지으라는 가르침을 주신다. 이런 진리를 가르치기에 부처님은 위대한 것이다. 그것은 진정 이치에 맞고 우리가 받아들일만한 가르침이 아닌가!

아직도 지구상의 많은 종교가 어떤 절대자를 내세우고 그런 존재가 우리를 만들기도 하고 나중에 심판하기도 한다는 가르침을 편다. 부처님께서는 그런 존재는 없다고 하셨다. 자신이 만나 보지도 못한 창조주에 대한 믿음이나 사랑에 대해 부처님께서는 「삼명경 (D13)」에서 여러 가지 비유로 설하신다.

장님 줄서기의 비유를 보자.

"자신도 창조주인 범천을 직접 보지 못했고, 그의 스승이나 그 윗대의 어느 스승도 직접 본 이는 없다. 이것은 마치 장님이 줄을 서서 처음이도 보지 못하고 가운데 사람도 보지 못하고 마지막 사람도 보지 못하는 것과 같다."

또한 보지 못한 미녀의 비유에서는 다음과 같이 설하신다.

"어떤 이가 그 나라의 최고 미녀에 대해 보지도 알지도 못하면서 그 여인을 갈망하고 탐하는 것이 보지 못한 범천에 대해 믿음을 지니고 숭배하는 것과 같다."

세상에 많은 종교들이 절대자를 얘기한다. 유일신을 믿는 존재들도 제각기 따르는 신의 이름도 다르고 종류도 많다. 다신교는 말할 것도 없이 많은 신들을 얘기한다. 하지만 누구도 그런 존재를 보지 못했다. 주위에 많은 이들이 그런 존재를 보았다고 혹은 느꼈다고 말하지만 엄밀히 살펴보면 그것은 자신의 생각, 인식, 느낌에서 일어난 것에 지나지 않는다.

62가지 경우로 발생하는 사견에 대해 「범망경 (D1)」에서 부처님께서는 다음과 같이 설하신다.

"62가지 경우로 과거를 모색하고 미래를 모색하고 과거와 미래를 모색하며, 과거와 미래에 대한 견해를 가지고, 과거와 미래에 대한 여러 가지 교리를 단언하는 사문·바라문들도 – 그들 모두는 여섯 가지 감각장소들(六處)을 통해 갖가지 대상과 맞닿아 계속해서 일어나는 감각접촉으로 인해 사견의 느낌을 경험한다. 그런 느낌이 그들에게 갈애를 생기게 하고, 갈애는 취착을 생기게 하고, 취착은 존재를 생기게 하고, 존재는 태어남을 생기게 하고, 태어남은 늙음·죽음과 근심·탄식·육체적 고통·정신적 고통·절망을 생기게 한다."

과거와 미래를 모색하거나 창조주에 대한 관념 등은 사견이다.

이러한 것은 이익을 가져오지 못하고 고통만 일으킨다.

그럼 불교에서 신의 의미는 무엇인가? 불교에서 얘기하는 신과 다른 종교의 신과는 어떻게 다른가? 불교에서의 신은 여러 가지 존재 가운데 하나일 뿐이다. 그러한 신도 윤회의 굴레 속에서 벗어나지 못한다. 신들도 죽음을 맞이하고, 죽으면 다른 존재로 태어난다. 불교에서의 신은 다른 존재를 창조하는 존재가 아니다. 또한 신이 다른 존재를 판단하거나 우월적 지위에 서서 군림하지도 않는다.

다시 말하지만 업의 가르침은 알려지지 않은 절대자의 개입을 배제한다. 다른 종교를 보면 우리가 행한 행위들이 중요하지 않을 수 있다. 많은 악한 행위를 해도 자신들의 신에 대한 믿음으로 다 용서가 되고 좋은 곳으로 간다. 많은 선행을 해도 어떤 신을 믿지 않으면 지옥에 떨어진다고 한다.

불교에서는 그러한 가르침은 없다. 즉 악한 행위를 한 사람이 아무리 부처님에 대한 믿음이 강해도 그 악업을 받는다. 부처님에 대한 믿음을 가진 것이 선업이 되어 좋은 결과를 받는 것은 또 다른 문제이다. 그리고 부처님을 믿지 아니 하는 사람도 선행을 많이 하면 좋은 세계로 간다는 것이 불교의 가르침이다.

어떤 우월적 존재가 있어서 우리를 존재하게 하거나 사후에 우리를 어떤 곳으로 이끌거나 하는 게 아니고 우리의 행위인 업이 우리를 존재하게 하고 자신의 사후 세계를 결정짓는 것이다. 그런데 그러한 업이라는 것은 자신의 행위이므로 모든 결과는 자신이 창조하는 것이다.

그러므로 부처님의 업의 이론을 받아들이는 불자들은 선업이 좋은 결과를 낳고, 악업이 나쁜 결과를 낳는다는 것을 믿어서 항상 유익하고 좋은 업을 지으려 힘써야 한다. 「법구경」의 처음에 나오는 게송이다.

"모든 것은 마음이 앞서가고 마음이 이끌어가고
마음으로 이루어진다.
나쁜 마음으로 말하고 행동하면
괴로움이 저절로 따르리라.
수레바퀴가 황소발굽을 따르듯이.

모든 것은 마음이 앞서가고 마음이 이끌어가고
마음으로 이루어진다.
깨끗한 마음으로 말하고 행동하면
행복이 저절로 따르리라.
그림자가 몸을 따르듯이."

14. 모든 부처님들의 가르침

업의 개념을 알았다. 업의 가르침에서 우리가 선업을 행해야 함을 알았다. 부처님께서도 「법구경」에서 그렇게 가르치셨다. 한 때 아난다 존자가 "과거 부처님들이 공통적으로 가르치신 법이 있습니까?"라고 묻자 부처님께서는 다음과 같은 가르침을 주신다.

"악을 행하지 말고
선을 구족하며
마음을 깨끗이 하라.
이것이 모든 부처님들의 가르침이다."

이것을 업으로 말하면 "악업을 그치고 선업을 행하라. 또한 지혜를 계발하여 모든 번뇌로부터 자신의 마음을 깨끗이 하라. 이

것이 모든 부처님의 가르침이다"라고 이해할 수 있을 것이다.

「청정도론」에서 이 가르침을 계·정·혜 삼학으로 나누어서 설명하고 있다. 즉 '악을 행하지 말라'는 것은 모든 악한 행위를 금하는 것이고 또한 부처님이 가르치신 계율을 잘 지키는 것을 말한다.

'선을 구족한다'는 것은 선정 수행으로 삼매를 성취하라는 것이다. 선정 수행을 하면 마음의 번뇌 요소 혹은 장애 요소들이 억압되어 마음은 청정한 삼매에 이른다. 그래서 삼매란 단순한 집중이 아닌 '유익한 마음의 하나됨(kusala cittassa ekaggatā)'이라 한다.

마지막으로 '마음을 깨끗이 하라'는 것은 '위빠사나 수행으로 지혜를 계발하여 도의 마음을 얻어서 모든 번뇌의 뿌리까지 잘라내어 완전히 마음을 청정히 하라'는 말씀으로 이 「법구경」의 가르침은 다름 아닌 계·정·혜 삼학의 닦음을 가르치신다.

그러므로 선업을 닦는 것은 다름 아닌 계·정·혜 삼학을 닦는 것이다. 삼학을 닦는 것은 다름 아닌 팔정도의 수행이다. 이러한 수행이 우리를 모든 고통의 소멸인 열반으로 이끌 것이다.

15. 불자들의 도착지
−열반

불자들은 어디로 향해야 할까? 차를 타고 여행을 가더라도 가려는 목적지가 있다. 불자들도 신행생활을 하면서 우리가 종국에 다다를 목적지가 있어야 한다. 그것은 어디일까? 그것은 바로 열반이다. 열반이 어떤 장소를 지칭하는 것은 아니지만 우리 불자들은 열반의 실현을 위해서 노력해야 한다. 열반이 불자들의 목적지라고 한 것은 「마라 경 (S23:1)」에서 한 부처님 말씀 때문이다.

"세존이시여, 무엇을 위해 올바로 봅니까?"
"라다여, 싫어하여 떠나기 위해 올바로 본다."
"세존이시여, 무엇을 위해 싫어하여 떠납니까?"
"라다여, 사라지기 위해 싫어하여 떠난다."

"세존이시여, 무엇을 위해 사라집니까?"
"라다여, 해탈하기 위해 사라진다."
"세존이시여, 무엇을 위해 해탈합니까?"
"라다여, 열반에 들기 위해 해탈한다."
"세존이시여, 무엇을 위해 열반에 듭니까?"
"라다여, 그 질문은 너무 멀리 나갔다. 그대는 그 질문의 한계를 파악하지 못했다. 왜냐하면 라다여, 청정한 삶은 열반을 토대로 하고 열반을 피안으로 하고 열반을 궁극으로 하는 삶이기 때문이다."

우리가 실현해야 할 법이 열반이지만 열반은 범부가 경험해보지 못한 법이어서 헤아리기 어렵다. 그렇지만 그러한 법은 분명히 존재한다고 우다나의 「열반의 경 3」에서 부처님께서 말씀하신다.

"수행승들이여, 태어나지 않고, 생겨나지 않고,
만들어지지 않고, 형성되지 않은 것이 있다.
수행승들이여, 태어나지 않고, 생겨나지 않고,
만들어지지 않고, 형성되지 않는 것이 없다면,
세상에서 태어나고, 생겨나고, 만들어지고,
형성되는 것으로부터의 여읨이 알려질 수 없다.

그러나 수행승들이여, 태어나지 않고, 생겨나지 않고,
만들어지지 않고, 형성되지 않는 것이 있으므로,
세상에서 태어나고, 생겨나고, 만들어지고,
형성되는 것으로부터의 여읨이 알려진다."

이러한 열반의 의미는 여러 가지로 설명할 수 있겠지만 불자들은 탐·진·치의 소멸로 이해하면 될 것이다.「열반 경 (A3:55)」의 가르침은 다음과 같다.

"바라문이여, 그는 욕망이 남김없이 다한 것을 경험하고 성냄이 남김없이 다한 것을 경험하고 어리석음이 남김없이 다한 것을 경험한다. 그러므로 열반은 스스로 보아 알 수 있고, 시간이 걸리지 않고, 와서 보라는 것이고, 향상으로 인도하고, 지자들이 각자 알아야 하는 것이다."

이러한 열반은 세간에 속한 법이 아니다. 세간에 빠져 즐기는 자는 열반에 이르지 못한다.「법구경」75번 게송은 말한다.

"세간적 이익을 얻음이 하나의 길이고
열반으로 가는 길은 그와는 다르다.
부처님의 제자인 수행승은 이것을 잘 알아

세간적 이익에 빠지지 말고
멀리 여읨과 열반의 실현에 매진해야 하리라."

'열반을 실현한다'는 것은 달리 말하면 '깨닫는다'는 것이다. '깨닫는다'는 말은 앞에서도 몇 번 언급하였지만 '도의 마음을 일으킨다'는 말이다. 도의 마음이 일어나면 이어서 과의 마음이 일어난다. 이러한 도와 과의 마음이 생겨난 분들이 불교안의 성인들이며 네 쌍으로 여덟이 되는 분들이다.

① 수다원도 수다원과
② 사다함도 사다함과
③ 아나함도 아나함과
④ 아라한도 아라한과

불교적 깨달음은 전에 모르던 무언가를 아는 등의 깨달음이 아니다. 도의 마음이 일어나면 번뇌가 제거 되고, 아라한 도의 마음은 모든 번뇌를 뿌리 뽑아 어떠한 번뇌도 일어나지 않는다. 다시 말해 불교적 깨달음을 얻는다는 것은 불선한 마음 상태를 없애는 것이다. 각각의 도의 마음이 어떤 번뇌를 제거하는 지는 다음의 〈표 11〉을 참조하기 바란다.

〈표 11〉 도의 마음에 의해 제거되는 번뇌들

오염원		수다원	사다함	아나함	아라한
1	미혹				■
2	양심 없음				■
3	수치심 없음				■
4	들뜸				■
5	탐욕 (감각적 욕망)			■	
5	탐욕 (그 외)				■
6	사견	■			
7	자만				■
8	성냄			■	
9	질투	■			
10	인색	■			
11	후회			■	
12	해태				■
13	혼침				■
14	의심	■			
합계		4	0	3	8

그러므로 불교의 성인은 세속적 표현으로 착한 사람, 도덕적인 사람, 불선한 마음이 일어나지 않는 그러한 분들이다. 일반 불자들은 불교 성인, 즉 깨달음을 얻은 이는 신통이 열려 다른 이의 마음을 꿰뚫고, 하늘을 날아다니는 그러한 존재를 떠올린다. 그러한 것은 불교 깨달음과는 관련이 없다. 아라한 성인은 누구인가?「보배경」의 말씀을 들어보자.

"고귀한 아라한들께서는 과거의 업을 끝냈고
더 이상 새로운 업을 짓지도 않습니다.
미래의 생에 대한 집착이 없고,
다시 태어날 씨앗도 다했습니다.
새로운 생을 원하는 바람도 없습니다.
고귀한 아라한들께서는
등불이 꺼지듯 윤회를 거두어 끝내시니
아라한 상가 보배라는 미덕도
참으로 특별하고 고귀합니다.
이 같은 진리의 말에 의해서 존재들이 행복하기를!"

 부처님 말씀과 같이 아라한 성인들은 등불이 꺼지듯 삼계 윤회의 굴레에서 벗어난 분들이다.
 이러한 8개의 도와 과의 마음은 열반을 대상으로 하는 마음이다. 이러한 마음을 일으킨 사람을 깨달음을 얻은 자라 하고 부처님 교단 안의 성인들이다. 범부 중생이란 이러한 마음을 아직 얻지 못한 이를 일컫는다.

 범부 중생들은 이러한 마음을 얻기 위해 노력해야 한다. 그러한 노력이 팔정도이고 계·정·혜 삼학을 닦음이다. 구체적으로는 위빠사나 수행을 통해서 지혜가 계발되었을 때 이러한 도와 과의 마음이 일어난다.

불자들은 목적지를 잘 알아야 한다. 불자들의 목적지는 열반이고 그것을 실현해야 모든 고통에서 자유로울 수 있다. 그러므로 불자라면 이번 생에 열반을 실현하리라고, 즉 최소한 수다원 도와 과의 마음을 성취하겠다며 정진해야 한다.

불교의 성인이 되려면 성자의 삶을 살려고 해야 할 것이다. 성자들의 삶이란 무엇인가? 깨달아서 아무 걸림없이 사는 것인가? 신통을 자재하게 부리며 사는 것인가? 숫타니파타의 「날라까의 경」에서 들려주는 부처님 말씀을 들어보자.

"그대에게 성자들의 삶에 관해 알려 주리라. 그것은 성취하기 어렵고 도달하기 힘들다. 이제 그대에게 그것을 알려 줄 것이니, 그것을 굳건히 하여 단단하게 지키라.

마을에서 욕을 먹든지 절을 받든지 한결 같은 태도로 대하여라. 정신의 혼란을 수습하여 고요히 하고, 교만을 떨쳐버리고 유행하라.

가령 숲 속에 있더라도 불의 화염 같은 높고 낮은 것들이 나타난다. 아낙네는 해탈자를 유혹한다. 아낙네로 하여금 유혹하도록 하지 말라.

성적 교섭에서 떠나 온갖 감각적 쾌락의 욕망을 버리고, 동물이든 식물이든 모든 생명 있는 것에 대해 적대하지 말고, 애착하지도 말라.

내가 그런 것처럼 그들도 그렇고, 그들이 그런 것처럼 나도 그렇다. 자신과 비교하여 그들을 죽여서도 죽이게 해서도 안 된다.

일반 사람들이 집착하는 욕망과 탐욕을 떠나 눈을 갖춘 님이 된다면, 바른 길을 갈 수 있고, 이 지옥을 벗어날 수 있다.

배를 가득 채우지 않아 음식을 절제하고, 욕심을 적게 하고 탐내지 말라. 욕망이 없어져 버리면, 욕망이 없는 것이 소멸이니라.

성자들의 삶을 사는 자는 탁발을 하고 나서, 나무 아래로 가까이 가서 자리를 잡고, 숲 속의 빈터에 머무는 것이 좋다.

성실하게 선정에 전념하고, 숲 속에서 즐기며, 스스로 만족해 하며, 나무 아래서 선정을 닦아라.

밤이 지나 새벽이 밝아오면, 마을 어귀로 가는 것이 좋다. 그러나 마을에서의 초대나 가져온 것에 너무 반겨서도 안된다.

성자의 삶을 사는 자는 마을에 이르러 가정집에서 조급하게 행동해서는 안 된다. 음식을 얻고자 하는 이야기를 끊고, 암시적인 말을 꺼내지 않아야 한다.

얻은 것이 있다면 좋고, 그러나 얻지 못한 것도 잘 된 것이다. 어떤 경우에라도 나무로 되돌아오는 것처럼, 그와 같아야 한다.

손에 발우를 들고 돌아다닐 때, 사람들은 그를 두고 벙어리는 아니지만 벙어리 같이 생각한다. 시물이 적다고 꾸짖지 말고, 시주를 경멸하지도 말아야 한다.

여울들이나 골짜기들과 흐르는 강에 대하여 알아야 하리라. 작은 여울들은 소리를 내며 흐르지만 큰 강물은 소리 없이 흐른다.

모자라는 것은 소리를 내지만 가득 찬 것은 아주 조용하다. 어리석은 자는 반쯤 물을 채운 항아리 같고, 지혜로운 님은 가득 찬 연못과 같다.

수행자가 많은 말을 한다면, 그것은 상대적인 것으로 이익에 도움이 되는 것을 말하는 것이다. 그는 자각적으로 가르침을 설하며, 자각적으로 많이 말하는 것이다.

그리고 자각적으로 자제해서 자각적으로 많이 말하지 않는다면, 그는 성자로서 성자의 삶을 누릴 만하며, 그는 성자로서 성자의 삶을 성취한 것이다."

16. 창조론에 대한 고찰

다른 종교에서 창조론을 많이 이야기하기 때문에 불자들은 그러한 창조론을 불교적 관점에서 어떻게 이해해야 하는지 궁금해 한다. 그래서 여기서 창조론과 관련된 불교적 관점을 다루고자 한다.

신을 섬기는 종교에서 창조론은 중요하게 다루어진다. 설명도 쉽다. 그냥 '신이 이 세상을 창조했다'고 하면 된다. 그러나 부처님께서는 그러한 주장에 반대하신다. 이 세상은 어떤 존재가 만든 것이 아니라고 하신다.

누군가가 이 세상을 만들었다는 생각은 어떤 원인, 즉 최초 원인을 찾기 위해서 궁리한 결과이다. 내가 있고 그 이전에 나의 조상들이 있었고, 그렇게 올라가다 보면 어떤 최초의 존재가 있어 우리를 만들었을 것이라는 소박한 생각에서 그러한 주장을 한다. 그러나 이 주장은 논리적 모순을 가진다. 어떠한 원인을 찾아서 올라갔다면 인간을 만들었다고 하는 그 신도 원인이 있어야 한다. 즉 인간을 만든 원인이 신에게 있다면 신도 어떤 원인에 의해서 만들어져야 한다.

신이라는 존재도 어떤 원인에서 왔다는 주장에 신을 섬기는 이들은 창조신은 어떤 원인을 벗어나서 홀로 존재한다고 할 것이다. 그렇다면 그들이 말하는 창조신이 아무 원인 없이 홀로 존재한다면 다른 존재에게도 그럴 가능성은 열려 있는 것이다. 그것은 말하자면 다른 어떤 존재도 아무 원인 없이 생겨날 수 있다는 말이 되어 창조라는 말의 의미가 사라져서 그 또한 모순이 된다.

불교에서는 최초 원인, 혹은 우주의 창조 이러한 것들에 큰 관심을 두지 않는다. 그러한 것에 관해 생각하는 것은 별 이익이 없다. 「생각할 수 없음 경 (A4:77)」에서 부처님께서는 이렇게 말씀하신다.

> "세상에 대한 사색(누가 이 우주를 만들었는가, 누가 중생을 있게 했는가! 등등의 생각)은 생각할 수 없는 것이니 그것을 생각해서는 안 된다. 생각하면 미치거나 곤혹스럽게 된다."

이렇듯 우주의 창조, 최초의 시작 등등의 사유는 유익하지 않고 끝내 결론은 추측일 뿐이고 심지어 부처님 말씀처럼 미쳐버릴 수도 있다.

세상의 기원에 대해 부처님의 설명이 없는 것은 아니다. 디가 니까야의 「세기경 (D27)」에서 부처님께서는 세상이 생겨나서 사라지는 과정을 말씀 하신다. 이 존재계가 이전에 아무 것도 없다가 누군가가 창조한 게 아니고 무수히 생겨났다가는 사라지고 하는 과정을 겪었다고 말씀하신다.

지금 우리가 사는 이 지구를 예로 들자면 이것 또한 처음 이루어지는 시기는 있었다. 하지만 그 이전에 아무 것도 없다가 홀연히 누군가에 의해 만들어진 것은 아니다. 불교에서 이전에는 아무 것도 없고 지금 이 시점부터 출발한다는 최초의 시점은 인정하지 않는다.

우주는 무수히 수축과 팽창을 반복한다. 몇 번이나 이 세상이 만들어지고 부수어졌는지 알 수도 없다. 새로이 만들어진 세상에서 다시금 창조주에 대한 견해가 생겨난다. 이러한 견해는 62가지로 정리되어 「범망경 (D1)」에서 부처님께서 사견이라고 설하신다. 창조주의 개념이 생겨나는 원인에 관한 경의 내용이 좀 길지만 아래에 인용한다.

"비구들이여, 참으로 긴 세월이 지난 그 어느 때, 어느 곳에서 이 세상은 수축한다. 세상이 수축할 때 대부분의 중생들은 광음천에 나게 된다. 그들은 거기서 마음으로 이루어지고 희열을 음식으로 삼고 스스로 빛나고 허공을 다니고 천상에 머물며 길고 긴 세월을 산다."

"비구들이여, 참으로 긴 세월이 지난 그 어느 때, 어느 곳에서 이 세상은 다시 팽창한다. 세상이 팽창할 때 텅 빈 범천의 궁전이 출현한다. 그 때 어떤 중생이 수명이 다하고 공덕이 다하여 광음천의 무리에서 떨어져서 텅 빈 범천의 궁전에 태어난다. 그는 거기서도 역시 마음으로 이루어지고 희열을 음식으로 삼고 스스로 빛나고 허공을 다니고 천상에 머물며 길고 긴 세월을 살게 된다."

"그는 그곳에서 오랜 세월 홀로 살았기 때문에 싫증과 초조함이 생겨, '오, 다른 중생들이 여기에 온다면 얼마나 좋을까?'라고 갈망하였다. 그러자 다른 중생들이 수명이 다하고 공덕이 다해서 광음천의 무리에서 떨어져 범천의 궁전에 태어나 그 중생의 동료가 되었다. 그들도 역시 거기서 마음으로 이루어지고 희열을 음식으로 삼고 스스로 빛나고 허공을 다니고 천상에 머물며 길고 긴 세월을 살게 된다."

"비구들이여, 그러자 그 곳에 먼저 태어난 중생에게 이와 같은 생각이 들었다. '나는 범천이요 대범천이고 지배자요 지배되지 않는 자요 전지자요 전능자요 최고자요 조물주요 창조자요 최승자요 서품을 주는 자요 자재자요 존재하는 것과 존재할 것의 아버지이다. 나야말로 이 중생들의 창조자이다' 무슨 이유 때문인가? 전에 내게 '오, 다른 중생들이 여기에 온다면 얼마나 좋을까?'라는 생각이 일어났고 그러한 내 마음의 염원 때문에 이 중생들이 여기에 생겨났기 때문이다."

뒤에 그 곳에 태어난 중생들에게도 이런 생각이 들었다. '이 존자는 범천이요 대범천이고 지배자요 지배되지 않는 자요 전지자요 전능자요 최고자요 조물주요 창조자요 최승자요 서품을 주는 자요 자재자요 존재하는 것과 존재할 것의 아버지이다. 이 존귀하신 범천이야말로 우리들의 창조자이다. 무슨 이유 때문인가? 우리는 이 분이 여기에 먼저 계신 것을 보았고 우리는 후에 생겨났기 때문이다.'라고."

"비구들이여, 거기서 먼저 태어난 그 중생은 수명이 더 길고 아름답고 더 힘이 세었으며 뒤에 태어난 중생들은 수명이 더 짧았고 더 못생겼으며 더 힘이 약하였다.

비구들이여, 그런데 그 중 어떤 중생이 그 무리로부터 죽어서 이 곳에 태어나는 경우가 있다. 여기에 태어나서는 집을 떠나 출가한다. 집을 떠나 출가하여 애를 쓰고 노력하고 몰두하고 방일하지 않고 바르게 마음에 잡도리함을 닦아서 마음이 삼매에 들어 바로 그 전생의 삶은 기억하지만 그 이상은 기억하지 못하는 그러한 마음의 삼매를 얻는다.

그는 이렇게 말한다. '이 존자는 범천이요 대범천이고 지배자요 지배되지 않는 자요 전지자요 전능자요 최고자요 조물주요 창조자요 최승자요 서품을 주는 자요 자재자요 존재하는 것과 존재할 것의 아버지이다. 이 존귀하신 범천이 우리들의 창조자이다. 그는 항상하고 견고하고 영원하며 변하지 않기 마련이며 영속 그 자체인 것처럼 그렇게 계신다. 그러나 우리는 그 분 존자 범천에 의해서 창조되었다. 그런 우리는 무상하고 견고하지 않으며 수명이 짧고 죽기 마련이며 이곳에 태어났다'라고……."

위에 나오는 부처님의 말씀을 간략히 정리한다면 다음과 같다. 세상이 허물어지는 시기가 있다. 세상이 파괴되는 원인은 세 가지이다. 세상이 파괴될 때 불, 물, 바람에 의해 파괴된다. 불로 인한 파괴는 광음천 아래까지이다. 즉 대범천까지 세상은 파괴된다.

그 시기에 대부분의 중생들이 광음천에 재생한다. 이후 다시 세상이 만들어지는 시기에 광음천 아래 범천이 생기고 한 존재가 광음천에서 죽음을 맞고 그 곳에 재생한다. 즉 광음천에서 수명이 다한 천신이 아래 범천에 홀로 재생한다는 것이다.

그 곳에서 그는 오랜 세월을 지내다 지겨운 마음에 다른 중생이 있었으면 바라게 된다. 그 즈음에 또 다른 광음천의 중생이 수명이 다 해 아래 범천에 태어난다. 이렇게 되면 먼저 온 범천은 자신이 창조주인 줄 알고. 뒤에 온 이도 먼저 온 이를 창조주로 여긴다. 그러다 한 중생이 그 범천에서 죽어 욕계에 다시 태어난다. 그리고 출가 수행하여 삼매를 얻고 신통으로 바로 전생을 알게 되고 자신이 범천으로 있을 때 창조주로 여겼던 그 천신을 창조주로 믿게 된다는 것이다.

위에서 언급한 천상계의 이름은 불교에서 말하는 색계 천상의 하나이다. 불교에서 세상은 욕계, 색계, 무색계의 삼계로 나뉜다. 욕계 11처, 색계 16처, 무색계 4처를 합해 31처의 세상이 존재한다. 자세한 것은 다음의 〈표 12〉를 참조하기 바란다.

〈표 12〉 불교의 세상

세상			영역		수명
무색계	4		31	비상비비상처천	84000 대겁
			30	무소유처천	60000 대겁
			29	식무변처천	40000 대겁
			28	공무변처천	20000 대겁
색계	16	4선	27	정거천 — 색구경천	16000 대겁
			26	선견천	8000 대겁
			25	선현천	4000 대겁
			24	무열천	2000 대겁
			23	무번천	1000 대겁
			22	무상유정천	500 대겁
			21	광과천	500 대겁
		3선	20	변정천	64 대겁
			19	무량정천	32 대겁
			18	소정천	16 대겁
		2선	17	광음천	8 대겁
			16	무량광천	4 대겁
			15	소광천	2 대겁
		초선	14	대범천	1 무량겁
			13	범보천	1/2 무량겁
			12	범중천	1/3 무량겁
욕계	11	육욕천	11	타화자재천	16000 천상년
			10	화락천	8000 천상년
			9	도솔천	4000 천상년
			8	야마천	2000 천상년
			7	삼십삼천	1000 천상년
			6	사대왕천	500 천상년
		인간	5	인간	정해지지 않음
		악처	4	아수라계	정해지지 않음
			3	아귀계	정해지지 않음
			2	축생계	정해지지 않음
			1	지옥	정해지지 않음

창조주란 개념도 우리들의 제한적 사고에 의해 일어나는 사견일 뿐이다. 부처님께서는 우리가 사는 우주계는 너무 광대하고 또한 이 세상은 헤아릴 수 없이 많이 부수어지고 생겨나는 과정을 겪었다고 말씀하신다. 다시 말해 지금 우리가 사는 세상 이전에 다른 세상이 무수히 있었고, 지금 이 세상도 언젠가 부수어지고 다른 세상이 만들어진다는 말이다. 살아있는 생명체가 생(生)·로(老)·병(病)·사(死)를 겪듯이 이 존재계도 성(成)·주(住)·괴(壞)·공(空)의 순환을 한다는 것이다.

이렇듯 우주의 순환은 끝이 없어서 그 시작점을 안다는 것은 범부들에게는 알려지지 아니 한다.「풀과 나뭇가지의 경 (S15:1)」에서 부처님께서는 말씀하셨다.

"수행승들이여, 이 윤회는 시작을 알 수 없다. 무명에 덮인 뭇 삶들은 갈애에 속박되어 유전하고 윤회하므로 그 최초의 시작을 알 수 없다."

최초의 시작은 헤아릴 수 없다. 다른 종교에서 말하는 최초의 시작은 불교에서 말하는 시간에서 보면 계속 부수어지고 생겨나는 이 존재계의 어느 한 순간일 뿐이고 최초 창조의 순간은 아니다. 즉 그 이전에는 아무 것도 없다가 지금부터 시작이라고 하는 그러한 순간은 알려지지 아니 한다는 말이다.

그리고 그것을 아는 것도 별 유익함을 주지 못한다. 세상의 기원 등에 마음을 기울이고 거듭 생각하는 것은 자신에게 유익하지도 않고 답을 얻을 수 있는 것도 아니다.

만약 어떤 원인과 결과에 대해 알고 싶다면 부처님께서는 "현재 일어나고 있는 법들에 관해 살피라"고 하신다. 현재 수많은 법들이 조건적으로 발생하고 있는데 이것을 살피지 않고 가만히 앉아서 '세상이 어떻게 이루어졌을까? 나는 어디서 왔을까?' 등의 생각들은 다 망상이고 그러한 망상을 통해 내린 결론은 다 추측일 뿐이다.

지금 이 순간 많은 법들이 일어난다. 원인에 의해 결과가 생긴다. 많은 조건들이 법을 생기게 하고 사라지게 한다. 지금 이 순간에 그러한 원인과 결과를 살펴라. 왜 몇 만 년, 수억 년 전의 알지도 못할 원인에 대해 머리를 굴리고 추측하는가?
「한 밤의 슬기로운 님의 경 (M131)」을 살펴 보자.

"과거로 거슬러 올라가지 말고
미래를 바라지도 말라.
과거는 이미 버려졌고
또한 미래는 아직 오지 않았다.
그리고 현재 일어나는 상태를

> "그때 그때 잘 관찰하라.
> 정복되지 않고 흔들림이 없도록
> 그것을 알고 수행하라."

불교는 세상의 기원 등에 대해 숙고하는 것을 권장하지 않는다. 현재의 법들을 잘 관찰하라고 한다. 부처님께서는 단지 두 가지만 가르치기 때문이다. 그 두 가지가 무엇인가? 첫째는 괴로움의 일어남이요, 둘째는 괴로움의 사라짐이다. 우리가 현재 괴로움의 상태에 있다는 것을 알고 그것에서 벗어나는 길을 가르치는 것이 불교이다.

현재에 일어나는 법들을 관찰하여 그 법에서 법의 특성을 알고 그 법들이 조건적으로 상호 발생함을 아는 것이 중요하다. 마음속으로 우주의 창조나 '누가 우리를 만들었을까' 하는 등의 망상을 피우지 않는 게 좋다. 우주도 다 수많은 조건들에 의해 생겨나고 우리를 만든 그러한 창조자는 불교의 가르침 안에는 없다.

창조주에 대한 견해는 부처님께서 디가니까야의 첫 번째 경인 「범망경」에서 62가지 사견의 하나로 말씀하신다. 이러한 사견은 다른 번뇌들보다 더 무서운 것이다. 탐·진·치는 악업을 지어 나쁜 결과를 받지만 언젠가 부처님 법을 믿고 따라 실천하여 속박에서 벗어날 기약이라도 할 수 있다. 그러나 사견을 가진 자는 아예 부처님 가르침을 받아들이려 하지도 않기 때문에 이러한 사견을 가장 두렵게 여겨야 한다.

바르지 못한 견해가 얼마나 나쁜 것인가를 부처님은 다음과 같이 앙굿따라 니까야의 「막칼리 품 (A1:18:1~17)」에서 설하신다.

> "비구들이여, 한 사람이 세상에 태어날 때, 그는 많은 사람들에게 손해가 되고 많은 사람들에게 불행이 되고 많은 신과 인간들에게 해로움이 되고 손해가 되고 괴로움이 되기 위해 태어난다. 누가 그 한 사람인가? 삿된 견해를 가진 사람이다. 전도된 견해를 가진 그는 많은 사람들을 정법에서 물러나서 삿된 법에 머물게 한다."

> "비구들이여, 잘못 설해진 법과 율을 선동하는 스승과 그것을 따르도록 선동을 받은 제자와 그의 말대로 실제 행하는 제자는 모두 같은 상태를 얻게 되나니, 그들 모두는 많은 악덕을 쌓게 된다. 그것은 무슨 까닭인가? 비구들이여, 법이 잘못 설해졌기 때문이다."

요즘 종교적 갈등 문제가 많이 일어난다. 이러한 일들에 대해 불자들은 어떻게 대처해야 할까? 우리 불자들은 자비와 지혜로 대처해야 할 것이다.

이교도들의 주장은 불교에서 보면 사견, 즉 잘못된 생각이다.

그러한 잘못된 생각은 어리석음(無明)에서 온다. 그들의 그런 주장은 지혜가 없어서 법을 이해하지 못하기 때문에 일어난다. 그러므로 우리는 연민심으로 그들을 보아야 한다. 자비의 마음을 그들에게 보내야 한다.

자비의 마음을 지니는 것에 그치지 말고 지혜로 알려주어야 한다. 부처님의 가르침을 제대로 몰라서 부처님의 가르침을 따르지 않는 이도 많다. 그들에게 부처님의 가르침을 전해야 한다.

다른 이교도들이 그들의 가르침을 이야기하면 그것을 들어 보고 그들에게 다음과 같이 이야기 해 주어야 한다.

"당신 종교의 가르침은 그러하군요. 그런데 당신 종교의 이러한 가르침은 내가 받아들이기에 너무 이치에 맞지 않습니다. 부처님께서는 그러한 문제에 대해 이렇게 가르침을 주셨습니다."

부처님께서는 법을 이치에 맞게 설하신다. 인과를 가르치시고, 연기를 가르치신다. 모든 것이 우리가 현재 알 수 있고 지극히 상식적이고 정상적이다.

우리 불자들도 다른 이교도들과 논쟁을 할 필요는 없지만 그들이 어떤 주장을 하면 불교적 견해를 잘 전달해 줄 필요는 있다. 그들 가운데 지혜로운 이들은 부처님의 가르침을 들으면 진리를 이해할 것이다.

 모든 존재들이 부처님 가르침 안에서 안락과 평안을 증득하기를 기원하며 붓다의 바른 가르침이 이 땅에 오래 오래 머물기를…

[참고 문헌]

〈빠알리 삼장〉

각묵 스님, 디가니까야, 초기불전연구원
전재성 역주, 맛지마니까야, 한국빠알리성전협회
각묵 스님, 상윳따니까야, 초기불전연구원
전재성 역주, 상윳따니까야, 한국빠알리성전협회
대림 스님, 앙굿따라니까야, 초기불전연구원
무념·응진 역, 법구경 이야기, 옛길출판사
전재성 역주, 숫타니파타, 한국빠알리성전협회
대림 스님, 청정도론, 초기불전연구원
대림·각묵 스님, 아비담마길라잡이, 초기불전연구원
강종미 편역, 아비담마해설서, 도다가마을

〈기타〉

각묵 스님, 초기불교이해, 초기불전연구원
K. 스리 담마난다, 불교이야기, 미토출판사
전재성 역, 붓다의 가르침과 팔정도, 한국빠알리성전협회
정원 스님 역, 부처님 그 분, 고요한 소리
마스다니 후미오, 근본불교와 대승불교, 대원정사
히로사치야, 소승불교와 대승불교, 민족사
Edward Conze, A Short History of Buddhism, One World Publications